Von nackten Rotkehlchen
und furzenden Wölfen

Matthias Zimmermann

VON NACKTEN ROTKEHLCHEN UND FURZENDEN WÖLFEN

Die witzigsten Redensarten unserer europäischen Nachbarn

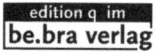
edition q im
be.bra verlag

Bibliografische Information der Deutschen Nationalbibliothek
Die Deutsche Nationalbibliothek verzeichnet diese Publikation in der Deutschen
Nationalbibliografie; detaillierte bibliografische Daten sind im Internet über
http://dnb.d-nb.de abrufbar.

© edition q im be.bra verlag GmbH
Berlin-Brandenburg, 2009
KulturBrauerei Haus S
Schönhauser Allee 37, 10 435 Berlin
post@bebraverlag.de
Lektorat: Robert Zagolla, Berlin
Umschlag: Ansichtssache, Berlin
Satz: Greiner & Reichel, Köln
Schrift: DTL Documenta 9,8/15°
Druck und Bindung: Norhaven AS, DK – Viborg
ISBN 978-3-86124-637-4

www.bebraverlag.de

Inhalt

Zum Geleit   9

An der hellen Tanne, wo Judas seine Stiefel verlor   13
Auf dem Backblech tanzen   15
Balken nach Norwegen bringen   17
Beim grünen Teufel   17
Beinchen stricken   18
Bekannt wie der weiße Wolf   20
Das Bistum wechseln   22
Den Becher ergattern   22
Den Hund waschen und ein Ei kochen   25
Den Stiel der Axt nachwerfen   27
Den Weinstock mit Würsten binden   29
Den Wolf furzen hören   32
Der Katze die Sahne anvertrauen   35
Die Engländer sind gelandet   36
Ein deutscher Streit   38
Ein französischer Brief   38
Ein kleines Fahrrad im Kopf   38
Eine Pik-Zwei bekommen   40
Eine umgebaute Laus   42
Einen Affen haben   42
Einen Finger in der Pastete haben   42
Einen Schmetterling auf dem Rad brechen   42
Es steht auf nichts   44
Etwas in den Schnurrbart wickeln   45
Fett wie ein spanischer Anker   46

Französisch sprechen wie eine spanische Kuh 46

Fulano, Jacques und Harry 47

Großmutter das Eierausblasen beibringen 49

Grüne Hunde, lustige Zebras und schwule Fische 49

Herz in der Ferse 52

Hinterbacken, die Trommeln spielen 54

Hühner umzingeln 54

Im schönen Laken 54

In den Walfischarsch! 57

In der Schweiz trinken 60

Italienische Streiks und römische Ferien 60

Jemandem die vierzig singen 61

Jemandem ein Ohr annähen 64

Jemandem ein Weidenseil zu essen geben 64

Jemanden auf die Rosen furzen schicken 66

Kontrabass spielen 67

Korkenlutscher 68

Locken ringeln 68

Mach nicht den Deutschen 70

Makakenäffchen auf den Kopf setzen 72

Mit der Hand in der Pasta 72

Mit verdrehten Höschen in die Flasche kriechen 74

Nackt wie ein Rotkehlchen 76

Neben dem Butterteller 79

Nicht den Fluch eines Kesselflickers wert 81

Radicchio schubsen 81

Regnen wie eine Kuh, die pisst 85

Saft aus einer Mücke pressen 85

Sankt Glinglin, wenn der Krebs auf dem Berg pfeift 86

Schlösser in Spanien   89
Selber Schnurrbärte haben   91
Über das Geschlecht der Engel diskutieren   92
Unterwegs mit dem Steinkauz   93
Von französischen Knüppeln, Nasen und dem Abschied   95
Von Maravedis und leeren Eiern   97
Voraus die Baracke   102
Wenden wie ein Crêpe   104
Wenn die Kneipensäule den Ellenbogen hebt   105
Wenn es Pfeifenstiele regnet   108
Wenn Esel fliegen   111
Wenn Fröschen Haare wachsen   111
Wer den Kabeljau schneidet   111
Wind auf dem Feld suchen   114
Ziegenbocksuppe essen   116
Zum Türken werden   116

Redewendungen   117
Literatur   135
Autor   139

Zum Geleit

»Europa ist eine Reise wert«, sagen US-Amerikaner immer. Und meinen damit das deutsche Bier, die Stierhatz in Pamplona, den Eiffelturm von Paris und insgesamt das komische Gequatsche in der Alten Welt, das sie nicht verstehen. Dabei muss man keineswegs von Übersee kommen, um sich in unseren Breiten höchst amüsant zu unterhalten. Vor allem, wenn wir unsere europäischen Nachbarn beim Wort nehmen. Wer möchte nicht gern einmal »Beinchen stricken«, wie es die Franzosen tun, anstatt die Beine immer nur »in die Hand zu nehmen«? Und wäre es nicht aufregend, im nächsten Spanienurlaub, den Ort zu finden, »wo Jesus den Hausschuh verlor«? Wie gern ließe man sich einmal in Portugal betrunken als »Korkenlutscher« titulieren oder säße mit einem Italiener »im Wacholdergebüsch« statt »in der Tinte«! Aber längst nicht alles ist vorbehaltlos zu empfehlen. In Frankreich für einen »Engländer gehalten« zu werden ist ebenso unschön, wie »mit einem Samowar ins russische Tula zu reisen« nutzlos und in Finnland »das Bistum zu wechseln« lebensgefährlich.

Europa wächst zusammen. Aber der Weg zu einem – politisch, wirtschaftlich und kulturell – vereinten Europa, in dem sich alle verstehen, ist lang und steinig. Nur langweilig wird er sicher nicht. Denn am Wegesrand warten »rauchende Schlangen«, »pfeifende Krebse«, »furzende Wölfe« und viele andere erstaunliche Phänomene, die unser Interesse für die Nachbarn wecken und am Leben halten. All jenen, die befürchten, der Vollzug der Europäischen Union würde die kulturelle Vielfalt auslöschen, die unseren Kontinent zur selbst ernannten Wiege der Zivilisation gemacht hat, sei dieses Buch mit auf den Weg gegeben. Denn eines kann uns das europäische Babel lehren: Wir sind weit davon entfernt, eine kulturelle Gemüsesuppe zu werden, in der zu viele Köche so lange rühren, bis sie sich in einen farblosen Einheits-Brei auflöst. Wenn es etwas gibt, das uns beweisen kann, wie bunt Europa war, ist und wohl auch noch lange sein wird, dann sind es unsere Sprachen – und allem voran die Redewendungen, die über Jahrhunderte das kulturelle Treibgut aufgenommen und bewahrt haben. In ihnen erkennen wir, was uns trennt und was uns verbindet, welche Geschichte(n) alle Europäer teilen und wo religiöse, nationale oder sprachliche Grenzen sich unsichtbar über den Kontinent ziehen. Sie zeigen aber auch, dass es die Unterschiede sind, die uns für einander interessant, neu und – ganz bestimmt – komisch machen. Und dass es manchmal an ein Wunder grenzt, dass wir uns überhaupt verstehen.

Nicht zuletzt offenbaren uns die Redewendungen der Sprachen Europas auch, wie sehr wir uns im Laufe der Jahrhunderte aneinander gewöhnt haben, ja dass wir sogar unverzichtbar füreinander geworden sind. Was wir voneinander halten und übereinander sagen – ob ernst oder im Spaß –, ist ebenso vielseitig wie die Geschichte, die über den Kontinent hinweggegangen ist. Während Französinnen einmal im Monat behaupten, »die Engländer seien gelandet«, schleicht sich ein unehrlicher Engländer mit »einem französischen Abgang« hinten raus. Will ein Grieche seine Schuld leugnen, »macht er den Deutschen« und Franzosen bauen ihre Schnapsideen als »Schlösser in Spanien«. Die Bilder, die wir voneinander haben, sind nicht immer schmeichelhaft, aber sie geben uns die Gelegenheit, über uns selbst zu lachen.

Dieses Buch versammelt eine kleine Auswahl der witzigsten Redewendungen unserer europäischen Nachbarn. Dabei kann und soll es nicht darum gehen, Vollständigkeit in irgendeiner Form zu erreichen oder den schwierigen Regeln der Übersetzerzunft vollends gerecht zu werden. Die Texte wollen unterhalten, zum Lachen bringen und die Augen dafür öffnen, in welcher Farbigkeit die Sprachen nebeneinander ihre Blüten tragen.

Europa wächst zusammen. Aber mit vielen Armen, vielen Beinen – und vielen Mündern. Zum Glück! Schreiben Sie sich das hinter die Ohren, oder, wie die Russen sagen: »Wickeln Sie sich das in den Schnurrbart!«

Potsdam, August 2009　　　　　　　　*Matthias Zimmermann*

An der hellen Tanne, wo Judas seine Stiefel verlor

Es gibt Orte auf der Welt, an denen führt kein Weg vorbei. Man muss sie einfach gesehen haben. Welch Attraktion muss zum Beispiel der Platz in Spanien sein, »wo Gott die Weste verlor« (*estar donde Dios perdió el chaleco*), »Jesus sein Feuerzeug« liegen ließ (*estar donde Cristo perdió su mechero*), dem »Teufel sein Poncho« abhanden kam (*estar donde el diablo perdió su poncho*) und der »Heilige Pankratius seine Baskenmütze« nicht mehr wiederfand (*estar donde San Pancracio perdió su boina*). Und das ist längst nicht alles. Vor allem Jesus hatte offenbar ein Riesenloch in der Tasche, denn wahlweise soll er – unter anderem – die Nägel (*clavos*), den Lendenschurz (*taparrabos*), den Schlappen (*chancleta*), seinen Namen (*nombre*), die Mütze (*gorro*), den Hausschuh (*zapatilla*) und den Esel (*burro*) verloren haben. Kein Wunder also, dass er schließlich ohne alles in den Himmel zurückkehrte. Wie ruhig mag es dagegen an jenem Ort in Portugal zugehen, wo lediglich »Judas seine Stiefel verlor« (*estar onde Judas perdeu as botas*)? Mit dem englischen Plätzchen »in der Mitte der Stöcke« (*be in the middle of the sticks*) oder am gemütlichen »Nebengewässer« (*be in the backwater*) haben die genannten Orte gemeinsam, dass an ihnen – angeblich – nichts los ist. Sie liegen nämlich, italienisch gesagt, am *capo al mondo* – dem »Ende der Welt« – oder etwas vulgärer auf Portugiesisch: *no cu do mundo* – »im Arsch der Welt«.

Das Hinterhältige an diesem sagenhaften Fleckchen ist, dass es so schwer zu finden ist. Finnen etwa meinen, das Weltenende sei bei der »hellen Fichte« (*helvetin kuusessa*), in Spanien dagegen treffen sich die Enthusiasten der Abgeschiedenheit »an der fünften Kiefer«

(*estar en el quinto pino*). Wer damit in Kastilien nicht auf offene Ohren trifft, sollte es mit der frivolen Variante versuchen und nach dem Ort »an der fünften Möse« fragen (*estar en el quinto coño*). Warum ausgerechnet das die treffende Bezeichnung für eine Gegend sein soll, in der nichts passiert, ist allerdings schwer begreiflich. Selbst der englische Tipp, sie liege »auf der Rückseite von jenseits« (*be at the back of beyond*) führt einen nicht weiter, sondern letztlich an die Stelle zurück, an der man steht.

Immerhin versprechen die Australier (der Abstecher sei erlaubt), am absoluten Langweilerplätzchen im Nirgendwo würden »die Krähen rückwärts fliegen« (*be where the crows fly backwards*) und für Spanier wird dort »Gott bedient« (*estar donde Dios es servido*). Was hier so viel versprechend klingt, gerät anderswo zur Horrorphantasie – jedenfalls für deutsche Ohren. Steht doch der einschläferndste Stuhl der Welt für Portugiesen und Italiener gleichermaßen »im Haus des Teufels« (*estar em casa do diabo/essere a casa del diavolo*). Aus der alemannischen Furcht vor dem Gehörnten scheinen sich auch unsere Nachbarn im Osten einen Scherz zu machen, denn wo bei uns am Abend »Fuchs und Hase« auseinander gehen, wünscht in Polen »der Teufel eine gute Nacht« (*tam, gdzie diabeł mówi dobranoc*). In Kuba, das natürlich auch nicht in Europa liegt, hier aber durchaus etwas beizusteuern hat, soll man sich zuraunen, dass an dem besagten Ort »der Teufel singt und niemand hört ihm zu« (*estar donde el diablo cantó y nadie lo escuchó*). Damit er dort aber nicht gänzlich allein ist, schicken ihm die Spanier wieder Jesus in die öde Wüste hinterher, dorthin, wo »Christus die drei Stimmen gibt« (*estar donde Cristo dió las tres voces*).

Übrigens trifft man auch in Frankreich am »Arsch der Welt« Luzifer an. Allerdings ist er dort – wie konnte das passieren? – »grün«

(*être au diable vert*). Schuld an dieser Verfärbung könnte der französische König Ludwig der Fromme gewesen sein. Er residierte nämlich im 11. Jahrhundert vor den Toren der Stadt Paris an einem Ort, der Vauvert (von *val vert*, frz. »grünes Tal«) genannt wurde. Nachdem er starb, verfielen die königlichen Gebäude und dank der Bettler, Wegelagerer und Banditen, die sich darin einnisteten, machten bald Spukgeschichten über die Gegend die Runde. Der im 15. Jahrhundert aufkommende Ausdruck *diable Vauvert*, der das Unheimliche und das Abgelegene in sich vereinte, verkürzte sich mit den Jahren zum »grünen Teufel« – und zur Ödnis, die inzwischen mitten in Paris liegt.

Am Ende des Wegs gibt sich das Geheimnis der Abgeschiedenheit, das natürlich keines ist, auf viel einfachere Weise preis. Ob »Arsch der Welt« oder Oase der Einsamkeit ist letztlich eine Frage der Perspektive. Während das portugiesische Landei viel lieber nach den blinkenden Lichtern Portos haschen würde, sitzt der gehetzte Großstädter hin und wieder ganz gern »in Korkschalen« (*estar em cascos de rolha*).

Auf dem Backblech tanzen

Eine kleine Geschichte über die Liebe: Ein bisschen kitschig war es schon, als sie sich in Rom trafen. Peter, ein Engländer – wenn auch ohne Schirm, Melone und schlechten Humor – und Valérie, eine Französin mit Schmollmund, treuen Augen und geheimen Gedanken. Sie spazierten am Ufer des Tiber entlang, saßen endlose Stunden plaudernd im Café – und nach kaum zwei Tagen hatte Valérie ihn » aufgewickelt « (*embobiner quelqu'un*) oder » bespielt «, wie ihre Amsterdamer Freundin sagen würde (*iemand bespelen*). Sogar der Exil-Finne, der sie zum Colosseum kutschierte, sah, dass sie ihn längst » um ihren Finger gewickelt « hatte (*kietoa pikkusormen ympärillle*). Und als der römische Hotelportier, der die beiden abends begrüßte, augenzwinkernd sagte, sie könne bestimmt » mit ihm machen, was sie wolle « (*si può far di lui quello che si vuole*), war Peter das eigentlich nur recht. Es gab ganz sicher schlimmere Foltermethoden. Noch am nächsten Tag erzählte er seinem russischen Freund aus Studententagen begeistert von Valérie. Der hörte geduldig zu und gab verschmitzt zurück, sie hätte wohl inzwischen » Seile aus ihm gewunden « (*вить верёвки из кого-либо* – *witj werjówki iß kowó-libo*).

Einige Wochen gingen ins Land. Schon recht früh hatte Peters tschechische Großmutter ihm prophezeit, er werde sicher bald » nach ihren Noten tanzen « (*tancovat podle něčí noty*), so verliebt wie er sei. Und sie behielt Recht. Er kündigte seinen Job, löste seine Wohnung auf und zog zu ihr nach Madrid. Valéries italienische Mitbewohnerin staunte nicht schlecht, dass Peter so widerspruchslos ihrem » Stab folgte « (*farsi comandare a bacchetta da qualcuno*) oder, wie der Postbote feixte, Valérie » den Aufwind brachte « (*llevar alguien la corriente*). Peter selbst glaubte nicht so recht an die Warnung seines neuen französischen Arbeitskollegen, der meinte, er » mache ihre vier Wünsche « (*faire les quatre volontés de quelqu'un*), statt seinen eigenen zu folgen. Als aber sogar sein ältester Freund aus Griechenland sagte, sie lasse ihn ja wohl » auf dem Backblech tanzen « (χορεύω κάποιον στο ταψί – *choréwo kápion sto tapsí*), fing er an, sich Sorgen zu machen.

Doch da war es schon zu spät. Sogar der madrilenischen Milchmann konnte sehen, dass sie ihn »in der Faust« hatte (*tener a alguien en un puño*). Schlimmer noch: Auf gut Italienisch »führte sie ihn an der Nase« in der Gegend herum (*menare qualcuno per il naso*). Seine Londoner Freunde hatten ja von Anfang an gemeint, diese Französin würde ihn früher oder später »unter dem Daumen halten« (*keep somebody under one's thumb*), aber er hatte es nicht wahr haben wollen. Als jedoch Valéries Mutter ihn bei einem Kurzbesuch beiseite nahm und besorgt zu ihm meinte, er solle sich doch von seiner Freundin nicht so »am Baguette führen« lassen (*mener quelqu'un à la baguette*), war es Zeit zu handeln. Zurück in Madrid machte er seiner Liebsten eine saftige Szene. Er polterte, man sei hier in Spanien, wo sich ein Mann nicht von einer Frau »in der Truppe haben« lässt (*tener a alguien a escuadra*), und wenn sie nicht bereit sei das einzusehen, sei es aus. Valérie hatte jedoch längst Wind von Peters Aufstand bekommen und mit ihrer holländischen Freundin Jantine Pläne geschmiedet, wie sie ihn beruhigen und doch weiter »auf ihm fahren« könne (*iemand oprijden*). Bei einem Kurzurlaub in Barcelona umschmeichelte sie ihn ein wenig, versprach ihm das Blaue vom Himmel und hatte schon bald ihren willigen »Stehaufmann« wieder (*traer a alguien como a un dominguillo*).

* *

Balken nach Norwegen bringen → Wind auf dem Feld suchen

Beim grünen Teufel → An der hellen Tanne, wo Judas seine Stiefel verlor

17

Beinchen stricken

Im Angesicht der Gefahr – zum Beispiel in Form eines gefräßigen Riesenkaninchens, wie man es spätestens seit »Wallace und Grommit« oder den »Rittern der Kokosnuss« auf den britischen Inseln offensichtlich öfter antrifft – neigt der Engländer dazu, »zu seinen Hacken zu flüchten« (*take to one's heels*) oder schlicht »es zu beinen« (*leg it*). Wem diese englische Sitte nicht einleuchtet, dem helfen unsere anderen Nachbarn auf die Sprünge. Während Russen schon ihre »Beine davontragen« (*уносить ноги – unoßitj nógi*), wenn es brenzlig wird, haben Italiener noch die Ruhe weg und eilen nur »mit gehobenen Beinen« davon (*correre a gambe levate*). Haben sie das haarige Monster aber erst einmal entdeckt, rufen auch sie sich *Gambe in spalla!* zu und machen sich auf die Socken – mit ihren »Beinen auf den Schultern«! Auf die gleiche Weise verknotet man sich auf der Flucht in Tschechien (*brát nohy na ramena*) und in Frankreich legt man die Beine gar »um den Hals« (*prendre ses jambes à son cou*). Wer sich ob dieser Vorstellung nun vor Lachen den Bauch hält, sollte sich erinnern, dass wir – die »Beine in der Hand« – es nicht viel anders machen. Aus der Reihe tanzen dagegen die Polen, denn sie stecken ihre Extremitäten »hinter den Gürtel« (*brać nogi za pas*). Viel schneller dürften aber auch sie nicht sein. Heil davonkommen könnten freilich die Portugiesen, die schlicht ihre »Beine geben« (*dar às pernas*).

All jene, die es noch phantasievoller mögen, kommen anderswo auf ihre Kosten. Schon der spanische Ausdruck »die Füße ins Staubige stellen« (*poner los pies en polvorosa*) verspricht einigen Wirbel. Leider ist er inzwischen selbst ein wenig angestaubt. Wirkungsvoller kann man sich in Spanien davonmachen, indem man »das Straßen-pflaster aufbricht« (*desempedrar la calle*), was freilich eine recht brachiale Methode ist. Wie leichtfüßig kommt im Vergleich dazu doch ein Holländer daher, wenn er den spanischen Bulldozer links liegen lässt und einfach »seine leichten Schuhe anzieht« (*hij doet zijn lichte schoenen aan*).

In Sachen Eleganz und Witz können aber auch die Holländer es nicht mit den Franzosen aufnehmen. Kann man sich in Frank-reich doch absetzen, indem man »Flöten spielt« (*jouer des flûtes*), ohne gleich zu offenbaren, dass man »rennt wie einer, dem die Milz fehlt« (*courir comme un dératé*). Tatsächlich dachte man noch bis zum 16. Jahrhundert, dass die beim Flüchten so hinderlichen Seitenstiche von der Milz herrührten. Daraus ergab sich ein ein-facher Gedanke: Eine Entfernung des störenden Organs würde den Schmerz für immer bannen und freien Auslauf garantieren. Leider zeigte sich bei Versuchen mit Hunden, dass die milzlosen Tiere nicht lange genug lebten, um ihre neue Ausdauer wirklich genießen zu können. Wie dem auch sei, der Ausdruck hat überdauert. Alter-nativ besteht in Frankreich immer noch die Möglichkeit, statt ein Körperteil zu entfernen, sich für die Flucht ein kleines Extra zuzu-legen und »Beinchen zu stricken« (*tricoter des gambettes*).

Schnelle griechische Beine haben sogar einen Namen. Wenn sich ein Hellene auf und davon macht, dann heißt es, »er werde Louis« (*γίνομαι Λούης – jínome Loúis*). Spyridon Louis, geboren 1873, war Sieger des ersten neuzeitlichen olympischen Marathonlaufs von 1896 und unzweifelhaft eine südeuropäische Seele. Gemeinsam mit zwölf anderen griechischen Läufern machte er sich daran, die Ehre seines bis dahin sieglosen Vaterlandes in der ureigensten Disziplin zu retten – im Wettstreit gegen ganze vier Läufer anderer Nationen.

Und er gewann, aber wie! Im offiziellen Bericht ist zu lesen: »Als Spyros Louis aus Maroussi bei einem Wirtshaus in Pikermi vorbeikommt, trinkt er ein Glas Wein, erkundigt sich nach den vordersten Läufern und versichert mit Bestimmtheit, dass er sie erreichen und überholen werde.« Als der sportliche Wasserträger ins Ziel einlief, wurde er von 70 000 berauschten Griechen empfangen, die ihm nicht zuletzt ein sprichwörtliches Denkmal setzten. Ein offizielles Rennen ist Louis danach nie mehr gelaufen.

Bekannt wie der weiße Wolf

In Frankreich ist der Wolf – zumal der weiße – ein gern gesehener Gast. Oder wenigstens einer, den jeder kennt. Denn der Hansdampf in allen Gassen, der sprichwörtliche bunte Hund, ist auf Französisch »bekannt wie der weiße Wolf« (*être connu comme le loup blanc*). Dabei war das Bild vom blassen Isegrim ursprünglich alles andere als positiv. Als Räuber, Viehdieb und Gefahr für Kinder und Alte galt der Wolf als potenzielle Bedrohung und bekam kurzerhand vielerlei Ängste aufgebürdet. Wurde unweit von Ortschaften ein Wolf gesehen, sprach sich das schnell herum. Mitunter so schnell, dass aus dem Jäger ein weißer – oder grauer (*un loup gris*) – Wolf wurde. Den zwar niemand gesehen, von dem aber jeder gehört hatte.

So bekannt er in Frankreich auch sein mag, anderswo bekäme der weiße Wolf keinesfalls die gleiche Aufmerksamkeit; wenn man der Sprache glauben darf. In Tschechien etwa spricht man, wenn jemand in aller Munde ist, von der »weißen Krähe« (*bila vrana*) und in Russland vom »weißen Raben« (*белая ворона* – *bélaja woróna*). Von einem Russen kann man überdies den Satz hören, dass »jeder Hund jemanden kennt« (*кого-либо каждая собака знает* – *kovolibo káshdaja ßobáka snájet*). Eine Wendung, die sich ähnlich auch in Spanien findet, wo ein Zeitgenosse stadtbekannt ist, den »sogar die Hunde kennen« (*le conecen hasta los perros*). In Griechenland hingegen ist man als bunter Hund »sogar bei den Hühnern bekannt« (*τον ξέρουν και οι κότες* – *ton xérun ke i kótes*). Doch zurück auf die iberische Halbinsel, denn die Spanier sind noch weit einfallsreicher: Wer sich wirklich herumgesprochen hat, ist in Spanien sogar »bekannter als ›das Blättchen‹« (*estar más conocido que el tebeo*). Auch wenn es hierzulande niemandem etwas sagen mag, ein Spanier kennt sein *tebeo* – das Comicheftchen für jedermann. Aber es kommt noch ausgefallener: Ein wirklich bunter Hund ist erst, wer »bekannter ist als die Weinraute« (*estar más conocido que el ruda*). Warum? Das bleibt im Dunkeln.

Auf ein anderes Kraut setzen indes die Italiener. Bei ihnen ist man »bekannt wie die Brennessel« (*conosciuto come l'ortica*), was wenig schmeichelhaft rüberkommt. Die Alternative – *conosciuto dappertutto* – bedeutet zwar lediglich »allerorten bekannt«, gibt aber wenigstens die Gelegenheit zu einem knackigen Reim. In England wiederum sagt man bündig, jemand sei »überall in der Stadt bekannt« (*be known all over town*). Einzig in den Niederlanden schließt man sich den Deutschen an – und spricht von einem »bunten Hund« (*bekend als de bonte hond*). In Polen wiederum wird daraus ein »grellbuntes Pferd« (*pstry koń*).

Aber noch einmal zum weißen Wolf. War der Unheilsbringer früher ein viel besprochenes und nie gesehenes Wesen, das seine Spuren in jedem guten Märchen hinterlassen hat, so ist der *loup blanc* – wie bunte Hunde – heute ganz sicher alles andere als Illusion. Wer sich am liebsten einmal selbst überzeugen möchte, sollte nach Paris fahren. Dort, im 2. Arrondissement, 42 rue Tiquetonne, findet man den *loup blanc* ganz sicher. Und zwar auf der Speisekarte des gleichnamigen Restaurants.

Das Bistum wechseln → Radicchio schubsen

Den Becher ergattern

Es liegt auf der Hand, dass zum Bild eines überwältigenden Sieges, dem umjubelten Erfolg, auch ein Wettkampf gehört, den es zuvor zu bestehen gilt. Interessant wird die Sache, wenn sich herausstellt, dass sich Europäer – sprachlich – auf dem Volksfest treffen, um ihre Sieger und Helden zu krönen und zu feiern. Triumphe aus Pappe auf der Kirmes? Da ist doch was faul!

Nehmen wir die Franzosen: Wenn einer den großen Coup landet, schütteln sie ihm die Hand, grinsen und sagen, er hätte » den Becher ergattert« (*décrocher la timbale*), manchmal auch »die Bommel« (*décrocher le pompon*). Den Becher? Die Bommel? Aber ja doch! Alte Maifesttradition. An das Ende eines viel zu hohen Mastes, der auch noch kräftig eingeseift war, hängte man früher Kränze, an denen Naschereien baumelten. Wer sie erreichte, durfte sie behalten. Irgendwann wurden die Kränze dann durch einen Becher ersetzt, den der Kletterfertige gegen ein Preisgeld eintauschen konnte. Die Idee blieb die gleiche. Kaum anders wird seit jeher der holländische Schützenkönig gekrönt, wenn einer aus dem Verein – wie bei uns – »den Vogel abschießt« (*de vogel afschieten*), der schon seit Jahrhunderten aus Pappmachee gekleistert auf einem Holzpflock trohnt, bis ihn jemand in den Altpapiercontainer ballert.

Und auch im englischsprachigen Raum kann man mit reichlich Spaß zum großen Gewinner werden. Wer in London so richtig abräumt, »nimmt den Kuchen« (*take the cake*) – wenn ein Erfolg gar zu überraschen kommt, auch nur den »Keks« oder das »Brötchen« (*take the biscuit/bun*) – und ist dabei eigentlich zum Sieg gelaufen oder getanzt. Zwar galt der »Kuchen« schon bei den Griechen als Siegespreis, den heute gebräuchlichen Ausdruck verdanken wir aber dem »Kuchentanz« (*cake walk*). Seit Mitte des 19. Jahrhunderts veranstalteten US-amerikanische Plantagenbesitzer Wettbewerbe im so genannten »Kreideliniengang« (*Chalk Line Walk*) unter ihren Sklaven, bei denen diese paarweise auf einer Linie promenieren mussten – und sich einen Spaß daraus machten, den Gang ihrer weißen Herren maßlos übertrieben zu imitieren. Nach und nach wurde daraus ein Tanz zum aufkommenden Ragtime und der Kuchen, der für das Gewinnerpaar ausgelobt war, gab ihm und der Redewendung seinen Namen.

All diese Wendungen können indes ihre pappige, gauklerische oder ironisierende Herkunft nicht verleugnen, denn ihnen ist eines gemeinsam: Gewonnen wurden die Preise nur im Spiel. So erklärt sich wohl, dass mitunter auch einer »den Becher ergattert hat«, der statt des Vogels einen Bock geschossen hat. Und in Deutschland hat

23

es bekanntlich handfeste Nachteile, dank Vogeltod zum König des Schützenvereins zu werden: Wer trifft, muss spendieren. Die Vereinssatzung des Schützenvereins der Gemeinde Neuenkirchen im Münsterland etwa besagt: »Der König hat beim Frühschoppen ein 50-Liter-Faß Bier zu spendieren.« Selbst Augen zu und durch hilft beim Schießen nicht: »Falls ein Mitglied ungewollt den Vogel abschießt und unter keinen Umständen die Königswürde annehmen will, hat es 50 Liter Freibier aufzulegen. Wenn es sich weigert, wird es vom Verein ausgeschlossen.« Nicht zu ermitteln war das Spiel, auf das sich – hoffentlich – die Polen beziehen, wenn sie sagen, dass ein Abräumer »jemandem auf den Kopf schlägt« (*bić kogoś na głowę*).

Ungleich ernster scheint man den Wettkampf im Süden Europas zu nehmen. Darum verwundert es auch nicht, dass es in den romanischen Ländern noch immer üblich ist, den Sieger – sprichwörtlich – mit einem Palmenzweig zu krönen. So kann man den Ausdruck »die Palme mitnehmen« sowohl in Spanien (*llevarse la palma*) und Portugal (*levar a palma*) als auch in Italien (*riportare la palma*) hören, wenn es darum geht, die Lorbeeren zu ernten. Mit dem symbolisch reichlich überfrachteten Palmenzweig – der unter anderem als Zeichen der Freude, des Friedens sowie des ewigen Lebens herhalten muss, logischerweise Erkennungsmerkmal der griechischen (Nike) und römischen (Victoria) Siegesgöttinnen ist und einem halben Dutzend Heiligen beigestellt wird – wurde Jesus begrüßt, als er in Jerusalem einzog. Nicht zuletzt deshalb halten ausgerechnet die katholischen Europäer an dem Wedel fest. In Deutschland findet man ihn immerhin noch in den Wappen so bedeutender Gemeinden wie Miesbach, Vilchband oder Strotzbüsch wieder. Aber auch dort schießt man inzwischen wohl lieber Pappvögel.

Den Hund waschen und ein Ei kochen

»Spring in den See!« (*Jump in a lake!*), sagt der Engländer zum Franzosen. »Geh dir ein Ei kochen!« (*Va te faire cuire un oeuf!*), gibt der Pariser zurück. Und beide treffen sich in der Hölle wieder. Nahezu alle Europäer sind bestens vertraut mit dem unfrommen Wunsch, jemand möge dem Satan einen Besuch abstatten. Von Griechenland (*Στο διάολο! – Sto diáolo!*) bis Tschechien (*jdi k čertu*) geht man »zum Teufel«, von Schweden (*dra åt helvete*) bis England (*Go to hell!*) fährt man »zur Hölle«. Vermutlich an denselben Ort führen aber auch andere, kaum weniger unchristliche Wünsche. Italiener etwa schicken ungebetene Gäste »sich backen« oder – ironischerweise – »sich segnen« (*mandare qualcuno a farsi friggere/ benedire*). Sollte ein Portugiese jemanden »zum anderen Ufer schicken« (*mandar à outra banda*) oder ihm gar zurufen: »Geh dich mit Fliegen füllen!« (*Vai encher-te de moscas!*), ist die Freundschaft sicher dahin. Auch Spanier empfehlen mit *¡que te zurzan!*, sich »zu stopfen«, wenn sie jemanden »mit unbeherrschten Kisten hinauswerfen« (*echar a alguien con cajas destempladas*). In Frankreich wiederum hat man keine Scheu vor einem Satz wie: »Geh dich woanders aufhängen!« (*Va te faire pendre ailleurs!*) Wer jedoch »nach Blocksberg« geschickt wird, zum Versammlungsort der Hexen, hat sich in Norwegen unbeliebt gemacht (*dra til bloksberg*).

Glücklicherweise müssen sich nicht alle, die – in Frankreich oder anderswo – »mit Verlust und Getöse hinausgeworfen« werden (*renvoyer quelqu'un avec perte et fracas*), zum Fegefeuer aufmachen. Für den Anfang genügt meist auch einfach nur weit, weit weg. Spanier schicken Unerwünschte auf »eine Spazierfahrt« (*mandar a*

alguien a paseo), Italiener lieber gleich »aufs Land« (*mandare qualcuno a quel paese*) und Franzosen meinen, man solle sich »bei den
Griechen sehen lassen« (*Va te faire voir chez les grecs!*). Das alles ist
für Holländer noch lange nicht weit genug. Wer ihnen so richtig gegen den Strich geht, den jagen sie mit den Worten »Donner auf!«
(*Donder op!*) von dannen – und zwar »nach dem Mond« (*Loop
naar de maan!*).

Dabei liegt der Ort der Unerwünschten offensichtlich ganz pa-
radiesisch im Grünen, denn dort wächst allerhand. Polen zum Beispiel beordern einen, den sie nicht leiden können, wie wir dorthin,
»wo Pfeffer wächst« (*gdzie pieprz rośnie*), wogegen Portugiesen
schwören würden, dass genau dort auch eine »Scheißhecke« steht
(*mandar à bardamerda*). Und wem ein Finne sagt, er solle »zur
hellen Fichte« verschwinden (*häivy helvetin kuuseen*), der trifft dort
alle Franzosen, denen man mehr oder weniger sanft nahe gelegt hat,
»ihren Kohl zu pflanzen« (*envoyer quelqu'un planter ses choux*)
oder »auf die Rosen zu furzen« (*envoyer quelqu'un péter sur les
roses*). Nicht minder ausgefallen ist die spanische Speisekarte. Unerwünschte dürfen sich irgendwo »Spargel braten« oder »Affen
brutzeln« (*mandar a alguien a freír espárragos/monas*).

Wem das alles nicht bizarr genug ist, dem bleibt die Rumpelkam-
mer der ausgefallenen, nicht jugendfreien oder unschönen Verwün-
schungen. In Norwegen kann man sich ganz gemütlich davonjagen
lassen mit den Worten »Geh heim und schaukel!« (*Gå hjem og
vogg!*) Portugiesen schicken, wen sie nicht mehr sehen wollen, »den
Hund waschen« (*Vai lavar o cão!*). Einmalig in Europa dürfte die
holländische Tradition sein, jemandem »die Pocken« an den Hals
zu wünschen (*Krijg de pokken!*). Für gewöhnlich ist die Gesundheit
ein noch immer unangetastetes Tabu. Im Gegensatz zum Sex. Die

26

durchaus gebräuchliche englische Wendung *Bugger off!*, die soviel wie »Hau ab!« bedeutet, wäre eigentlich mit »Verarschfick dich!« am treffendsten übersetzt. Das bedeutet aber nicht, dass die Briten ideenlos wären, immerhin heißt es bei ihnen auch schon mal »Geh und flieg einen Drachen!« (*Go and fly a kite!*)

Den Stiel der Axt nachwerfen

Eine Niederlage ist selten komisch. Die Bilder ihrer Ankunft sind es dagegen auf jeden Fall. Durchaus bekannt ist das vom Boxen herkommende theatralische Werfen des »Handtuchs in den Ring«, was meist der Trainer übernimmt, weil sein Schützling längst Sterne sieht oder seine Zähne sucht. Finnen (*heittää pyyhe kehään*) und Holländer (*de handdoek in de ring gooien*) sind sich, was das »Handtuch« angeht, mit den Deutschen einig. Die meisten anderen Europäer kennen den schmachvollen Lappenschwenk zwar ebenfalls, bedienen sich aber auch anderer Geschosse. In Frankreich beschränkt man sich gar völlig darauf, »den Schwamm zu werfen« (*jeter l'éponge*).

Richtig zur Sache geht es aber erst im Freien. Allerdings sind lediglich Tschechen der – auch deutschen – Ansicht, dass eine zünftige Schlappe nur auf dem Schlachtfeld zu holen ist, um dann schleunigst seine »Flinte ins Getreide zu werfen« (*hodit flintu do žita*) und sich aus dem Staub zu machen. In Frankreich schleudert man stattdessen »den Stiel der Axt nach« (*jeter le manche après la cognée*). Es heißt, der Ausdruck rühre von einer Fabel her, derzufolge einem Holzfäller bei der Arbeit das Blatt vom Schaft rutschte und in einem Teich versank, woraufhin dieser kurzerhand den Stiel hinterher warf und nach Hause ging. Woher die Geschichte kommt, ist nicht wirklich auszumachen, aber des Mannes Werk machte Schule, denn auch Briten (*throw the helve after the hatchet*) und Italiener (*gettare il manico alla scure*) machen von ihr Gebrauch. In Schweden fliegt das Gerät gleich ganz in den See (*kasta yxan i sjön*) und Holländer »legen« sie einfach »dazu« (*het bijltje erbij neerleggen*). Zu was, ist längst nicht mehr wichtig. Erfreulich aus der Reihe getanzt wird in Spanien, wo man »den Strick dem Kessel hinterher wirft« (*echar la soga tras el caldero*). Leider ist darüber keine Mär von einer Köchin bekannt, die ihren Eintopf in den Brunnen fallen ließ. In den übrigens die finnische »Axt geschmissen« wird (*heittää kirveensä kaivoon*) – mit oder ohne Stiel ist hinterher nicht mehr zu klären. Sie liegt ja schon drin.

Die Iberer können indes auch anders. Ein Hauch von der großen letzten Niederlage umweht den Ausdruck »sich in die Furche werfen« (*echarse al surco*), der eigentlich genauso für das deutsche Flintenwerfen einsteht, wie die äußerst makabere Wendung »sich die Schnur um den Hals werfen« (*echarse el cordel al pescuezo*). Verlieren ist in Spanien eben kein Pappenstiel.

Zweideutiges findet sich auch im französischen Sprachschatz des Aufgebens. So ist es durchaus üblich, angesichts eines unlösbaren Rätsels entnervt auszurufen: »Ich gebe meine Zunge der Katze!« (*Je donne ma langue au chat!*) Dahinter steht wahrscheinlich die Vorstellung, dass Katzen die symbolischen Hüter von Geheimnissen und Rätseln sind. Nicht umsonst stellte mit der Sphinx ein Katzen-Wesen Ödipus die kniffligge Frage nach dem Geheimnis des Menschen. Amüsanterweise bezeichnet *le (!) chat* im Französischen zugleich das weibliche Geschlecht und wer »seine Zunge der Katze gibt« (*donner sa langue au chat*), praktiziert im Volksmund auch schon mal einen Cunnilingus.

Auf jeden Fall jugendfrei und brüllend komisch ist die italienische Art, alles hinzuschmeißen, wenn man nicht mehr weiter weiß. Ein Römer würde nämlich »Baracke und Marionetten verlassen« (*piantare baracca e burattini*) und sich aus dem Staub machen – ohne Handtuch, Stiel und Axt.

Den Weinstock mit Würsten binden

Geld, das ist so eine Sache. Entweder man hat es oder man redet darüber. Das dürfte auch der Grund dafür sein, dass jene, bei denen es im Schrank liegt, bei denen, die es gern hätten – und sich das Maul darüber zerreißen – so furchtbar schlecht wegkommen. Italiener etwa finden Leute mit einer dicken Brieftasche »ekelerregend reich« (*ricco da fare schifo*), und in Holland meint man – hoffentlich nur metaphorisch – von diesen, sie »grölen vor Geld« (*bulken van het geld*). Vielleicht ist aber auch das Geld in Amsterdam, wo den armen Reichen »die Cents beißen« (*de centen bijten hem*), härter als anderswo. Das schwedische Wort »sturzreich« (*störtrik*) verspricht jedenfalls gleichfalls wenig Vergnügen am schnöden Mammon. Wer für die Engländer »schmutzig reich« (*be filthy rich*) ist, wäre in Spanien wiederum »verdorben von Geld« (*podrido de dinero*) und in Griechenland – wo man Geld offenbar ganz besonders anrüchig findet, wenn man es vermisst – »vom Taler vollgeschissen« (χέζομαι στο τάληρο – *chésome sto táliro*). Dass ausgerechnet einer, der ganz ge-

wiss nicht mittellos war, dafür sorgte, dass Begüterte » stinkreich «
genannt werden, darf getrost als Ironie der Geschichte gelten. Vor
beinahe 2000 Jahren hatte der römische Kaiser Vespasian eine Latri-
nensteuer eingeführt, um den maroden Staatshaushalt zu sanieren.
Als sich daraufhin sein Sohn Titus über die anrüchige Herkunft des
Geldes beschwerte, hielt er diesem eine Münze unter die Nase, die
» aus dem Urin « – dem Klo-Pfennig – stammte. Titus musste zuge-
ben: Sie müffelte nicht. Dass Geld nicht stinkt, hatte Vespasian zwar
bewiesen und auch im gleich lautenden Sprichwort überliefert. Den
Neidern allzu üppigen Reichtums bot er damit aber zugleich eine
unwiderstehliche Vorlage für übel riechende Nachrede.

Andererseits: Wer viel hat, zeigt auch viel, was sich im spanischen
Ausdruck einen » Sack haben « (*tener talego*) niederschlägt – und
ausnahmsweise einmal nicht auf die männlichen Zeugungsorgane
gemünzt ist, sondern die pralle Börse. Allerdings scheuen sich Dä-
nen keineswegs, den Umfang des Portemonnaies ohne Umwege mit
der Leibesfülle gleichzusetzen. Ein Geldsack ist für sie schlicht ein
» Fettarsch « (*fedte roev*).

Wo wir schon dabei sind: An Spottnamen für den Geldadel
mangelt es nicht. Vor allem in Frankreich. Während wir uns mit
den » oberen Zehntausend « zufrieden geben, gibt es für den Pariser die » großen Gemüse « (*grosses légumes*), eine » dicke Haube «
(*gros bonnet*) und das » Überbackene « (*gratin*). Und wer in Italien, wo in der Beletage eigentlich jeder auf einen jahrhundertealten
Stammbaum pocht, als neureicher Emporkömmling enttarnt wird,
ist fortan schlicht eine » umgebaute Laus « (*pidocchio rifatto*). Geradezu harmlos ist im Vergleich dazu der griechische Ausdruck für
einen Mann mit Zaster. Für die Griechen ist der, der sein Zimmer
mit Geldscheinen tapezieren kann, nämlich ein » Onassis « (εἶναι

Ωνάσσης – íne Onássis) – womit natürlich auf die Familie des sagenhaft reichen Reeders Aristoteles Onassis angespielt ist. Etwas bodenständiger geht es dafür in Russland zu. Wer hier genug Knete hat, dem »picken die Hühner das Geld nicht auf« (*куры денег не клюют – kúry déneg ne klujút*).

Obwohl Geld bekanntlich erfunden wurde, um nicht mehr Ochsen gegen Kartoffeln aufwiegen zu müssen, wird im europäischen Kaufmannsladen nach wie vor fleißig verglichen. Da dürfen entsprechend absurde Wendungen nicht fehlen. Wie sollte sich sonst ein Brite, der »viele Lutscher« oder »viel Teig« hat (*have lots of lolly/dough*), als vermögend ansehen? Was will ein Franzose mit »Heu in seinen Schuhen« (*avoir foin dans ses bottes*)? Und was bitte macht er mit »Sauerampfer« oder »Radieschen« (*avoir de l'oseille/ de radis*)? Wenn dann noch ein Tscheche »Geld wie Dung«, »Lumpen« oder »Eisen« (*mít peněz jako hnoje/hadrů/želez*) besitzt, ein Holländer gar »Geld wie Wasser« (*geld als water hebben*) und ein Pole »wie Eis« (*mieć forsy jak lodu*) einsackt, sind die Armen bald ausgestorben. Dabei sollte man sich gut überlegen, wie reich man eigentlich sein möchte. Wer es richtig dick hat, ist in Spanien nämlich »umhüllt mit Geld« (*estar forrado de dinero*), in Frankreich sogar »aus Gold genäht« (*être cousu d'or*). König Midas lässt glänzend grüßen.

Wirklich phantasievoll wird es aber erst, wenn darüber fabuliert wird, was mit all dem Zaster anzufangen ist. Sicher, man kann »im Gold schwimmen«, wie es Italiener (*nuotare nell'oro*), Spanier (*nadar en oro*) und Dagobert Duck tun würden. In Frankreich scheint das nicht so beliebt zu sein, schließlich »erstickt« man dort »in der Pinke« (*étouffer dans le fric*). Ein Franzose bevorzugt es daher, »auf Gold zu rollen« (*rouler sur d'or*). Eleganter als die englische Varian-

31

te ist es allemal – Briten »rollen drin« (*be rolling in it*). Norweger, die eigentlich als durchaus rundum wohlhabend gelten, kaschieren das – sprachlich – durchaus geschickt, denn bei ihnen wird »nur« »im Geld gewatet« (*vasse i penger*). Möglich ist aber auch, dass man einfach mit seinen Ansprüchen wächst.

Natürlich kann man seine Kröten auch einfach »verbrennen«, wie es in kalten englischen Wintern üblich zu sein scheint (*have money to burn*) oder, wie in Frankreich, »auf der Schaufel herumdrehen« (*remuer l'argent à la pelle*). Wer aber hofft, dass Geld doch noch glücklich macht, der sollte nach Italien fahren, wo ein wahrhaft Betuchter so einfallsreich ist, den »Weinstock mit Würsten festzubinden« (*legare la vigna con le salsicce*). Näher führt kein Weg an das Schlaraffenland heran.

Den Wolf furzen hören

Man kennt diese Menschen: Immer ein bisschen nervös, die Augen verkniffen, gut, zu gut informiert, suchen sie das Übel an jeder Straßenecke. Kein Wunder, dass sie allerorten »eine Ratte riechen« (*smell a rat*), wie man in England sagen würde. Gleich über den Kanal, im Reich hinter den kleinen Deichen, fürchtet man sich bekanntlich nur vor einer Sache – Land unter. Deshalb heißt es in Holland von einem, der in Tschechien oder auch Deutschland »Flöhe husten hört« (*slyší blechy kašlat*), er »fühle Feuchtigkeit« (*nattigheid voelen*). Immerhin – Skepsis ist besser als Absaufen. Aber ständig nasse Füße?

Fraglich ist, ob ein misstrauischer Spanier besser dran ist, denn er hat »eine Fliege hinterm Ohr« (*estar con la mosca detrás la oreja*), wenn er dem Braten nicht traut oder – so auf Französisch – »immer überall das Zwielichtige sieht« (*voir toujours du louche partout*). Deutsche entdecken im Bild von den asthmatischen Flöhen immer auch etwas Spitzfindigkeit. Dem Barockprediger Abraham a Sancta Clara verdanken wir die zum Prusten komischen Zeilen: »Er hört das Gras in den Elisischen Felder wachsen, und die schwindsüchtigen Flöh, in Seraglio zu Constantinopel, biß auf Paris, husten.«

Apropos Paris: Glaubt man einschlägigen Quellen, so »hört« einer im Süden Frankreichs keine Flöhe husten, wenn er alles besser weiß, sondern »den Wolf furzen« (*entendre péter le loup*). Nur ausprobieren sollte man diesen Ausdruck nicht unbedingt, jedenfalls nicht in trauter Zweisamkeit mit einer niedlichen Französin. Denn der »flatulierende Isegrim« führt offensichtlich ein Doppelleben. Wenn *petite* Valérie, Chloé oder Edith kichernd von sich behauptet, dass sie schon »den Wolf furzen gesehen hat« (*avoir vu péter le loup*), dann hat sie damit zugegeben, keine Jungfrau mehr zu sein.

Wie der »Misstrauische« und die »Deflorierte« im »furzenden Wolf« zusammenkommen, weiß keiner so genau. Am wahrscheinlichsten ist es, dass die Wendung einmal mehr darauf zurückgeht, dass Franzosen noch vor ein paar Hundert Jahren eine Heidenangst vor dem Wolf hatten. Wer, wie ein Jäger, sehr nah an ihn herankam – nah genug, um ihn furzen zu hören oder zu sehen –, galt darum als besonders erfahren. Und Erfahrung kommt bekanntlich auf zweierlei Wegen – durch den Kopf und durch den Körper.

Aber zurück zu unseren längst nicht mehr unschuldigen Französinnen: Edith ist auf Holländisch »ihr Röschen los« (*zij is haar roosje kwijt*), Chloé ist in England ihre »Kirsche geplatzt« (*pop someone's cherry*) und die Portugiesen sagen über Valérie, sie hätte »die drei verloren« (*perder os três*), wobei damit keineswegs die spirituelle Bindung zu irgendeiner dreifaltigen Göttlichkeit gemeint ist, sondern vielmehr die drei sexuell »relevanten« Körperöffnungen. Warum? Gott und Liebe gehen eben Hand in Hand. Valérie redet ohnehin viel eher in ihrer eigenen Sprache über die Liebe. Wo sonst würde man die Unschuld auch »Flohlichkeit« (*pucelage*) nennen?

Was uns noch einmal zu dem kaum mehr als fünf Millimeter großen Parasit zurückführt, den man unter ganz anderen Umständen vielerorts in Europa als sprichwörtliches Ärgernis oder als schräge Idee anderen einpflanzt. Italiener (*mettere la pulce nell'orecchio a qualcuno*) setzen ihn – wie auch die Griechen (βάζω ψύλλους στα αυτιά – *wáso psíllus sta aftiá*) – am liebsten »in die Ohren«. Schon bei den Tschechen aber ist der Floh im Gehörgang »ein Wurm im Kopf« (*nasadit červa do hlavy*) und in Spanien bekommt man die bekannte »Fliege hinters Ohr gesetzt« (*ponerle a alguien la mosca detrás de la oreja*). Auch dass sie mit fixen Vorstellungen anderen »den Helm erwärmen« (*calentar los cascos a alguien*) und Holländer »jemandem etwas ins Ohr blasen« (*iemand iets in het oor blazen*) kann man sich durchaus noch gefallen lassen. Etwas hinterhältiger geht es da bereits in England zu, wo man anderen gern »eine Biene in die Mütze tut« (*put a bee in the bonnet*). Wenn aber Portugiesen jemandem »Makakenäffchen auf den Kopf setzen« (*meter macaquinhos na cabeça a alguém*), hat der arme Kerl ganz bestimmt nichts mehr zu lachen.

Der Katze die Sahne anvertrauen ...

... ist wahrscheinlich nirgends eine wirklich gute Idee, aber in England gilt es sprichwörtlich als ausgemachte Dummheit (*trust the cat to keep the cream*). Wer einen Schmutzfinken als Putzmann anstellt, einen Burgerwender zum Chefkoch ernennt oder »einen Dieb schickt, um einen Dieb zu fangen« (*set a thief to catch a thief*), hat definitiv den Falschen für diese Aufgabe ausgewählt. Holländer nennen eine solche Fehlbesetzung auch »Fuchs im Hühnerstall« (*een vos in een kippenhok*). Spanier halten den Fuchs zwar für einen »Wolf« (*meter al lobo en el gallinero*), am Schaden für die Hühner ändert das freilich wenig. Die meisten Europäer finden es jedoch am unglücklichsten, den »Wolf in den Schafstall zu lassen«, wie es in Polen passieren kann (*wpuścić wilka do obory*), oder ihn gar darin »einzusperren«, was besonders Franzosen mit einem Kopfschütteln quittieren (*enfermer le loup dans la bergerie*). Schlimmer geht es da nur noch in Spanien zu, wo man so dumm ist, dem Wolf die Lämmer »anzuvertrauen« (*encomendar las ovejas al lobo*), oder in Italien, wo man ihn gar »zum Schäfer zu macht« (*fare il lupo pecoraio*). Russen sind, was diesen Ausdruck angeht, zwar nicht so blutrünstig, dafür kaum weniger blauäugig: Sie »lassen den Bock in den Garten« (*пустить козла в огород – puſtitj koslá w ogoród*). Tschechen wiederum halten es mit den Deutschen und machen ihn gleich »zum Gärtner« (*udělat kozla zahradníkem*). In Holland kommt man ihm sogar noch weiter entgegen und setzt ihn »auf die Haferkiste« (*de bok stoot op de haverkist*).

Kurios an all diesen Vergleichen ist, dass wir nahezu ausnahmslos Tiere für unser eigenes Unvermögen oder die schlechten Absichten anderer verantwortlich machen. Egal, ob man in England »die Katze zwischen die Tauben setzt« (*put the cat among the pidgeons*) oder ihr in Tschechien »den Braten anvertraut« (*svěřit kočce pečeni*), der böse Wille ist augenscheinlich tierisch. Uns selbst möchten wir all das Schlechte dann doch nicht ganz ohne Metapher anstecken.

Die Engländer sind gelandet

Mutter England – das Land der drei Löwen, Weltreich und selbst ernannte Heimat des Fußballs. Der Italiener dankt der ehemaligen römischen Provinz vor allem für die »englische Suppe« (*zuppa inglese*) – ein unerträglich klebrig-süßes, alkoholisiertes Biskuitdessert –, die »englische Reitart« (*sistema inglese di monta*), die auch der Rest Europas kennt, sowie den »universalen englischen Schlüssel« (*chiave inglese universale*), der leider nicht für des Königs Schatzkammer, sondern nur für allerlei Schrauben taugt.

In Frankreich beäugt man den direkten Nachbarn schon etwas kritischer, man sitzt schließlich mit den Briten quasi am selben Teich. Angesichts der schlechten Erfahrungen, die man in den zahllosen Auseinandersetzungen miteinander gemacht hat, verwundert es nicht, dass die Franzosen keine Gelegenheit auslassen, Unangenehmes – auch sprachlich – auf die Engländer abzuwälzen. Dass sie diese abwechselnd *biftecks* (»Rindfleisch(esser)«, nach engl. *beefsteak*) und *fuckoffs* (nach engl. *fuck off* – »Hau ab«) nennen, ist da noch das Harmloseste. Wenn einmal im Monat bei einer Französin

»die Engländer gelandet sind« (*les anglais sont débarqués*), steht ihr keine neue Invasion, sondern die Menstruation ins Haus. Bleiben die Briten jedoch aus, weil sie guter Hoffnung ist, fürchtet sie noch immer eine »englische Entbindung« (*mômimardage à l'anglaise*), weil diese ihr eine Fehlgeburt beschert.

Überhaupt schieben Franzosen gern alles, was im Schlafzimmer vor sich geht, den Insulanern in die Schuhe. Tanzt ein Pariser mit seiner brandheißen Bekanntschaft »auf Englisch« (*danser à l'anglais*), tut er dies ganz sicher im Bett; er kann also getrost darauf verzichten, sich allein zu beglücken und »englisches Billard zu spielen« (*jouer au billard anglais*). Wenn dann wider Erwarten etwas Ernstes aus der Liebelei erwächst, wird er die Kleine, sollte er verheiratet sein, einfach als Konkubine in einer »englische Ehe« (*mariage à l'anglaise*) unterbringen.

Kaum anders hält man es auf der iberischen Halbinsel, wo ein Spanier, der an masochistischen Praktiken interessiert ist, seinen Sex »englisch« (*inglés*) mag. Indes ist man sich in Spanien sicher, dass die Briten darüber ganz bestimmt lachen können. Zwar nennen sie einen seriösen Zeitgenossen »ernst wie einen Engländer« (*estar serio como un inglés*), vermuten dahinter aber mit dem »englischen Humor« (*humor inglés*) stets einen Schuss Ironie. Wenn es jedoch um Geld geht, ist der Spaß vorbei. Klingelt die Glocke und steht »der Engländer« (*el inglés*) vor der Tür, dann kommt der Gläubiger, um seine Außenstände einzutreiben. In Frankreich, wo man den britischen Blutsauger auch kennt (*anglais*), bleibt zumindest die Möglichkeit, sich »auf Englisch zu verabschieden« (*filer à l'anglaise*) und hinten raus zu verduften. Und so wie in Deutschland ein Dieb »englisch einkauft«, meinen auch die Franzosen, dass man beim »englischen Abschied« die Zeche prellt oder etwas mitgehen lässt.

Vermutlich in dieselbe Kerbe schlägt der Pariser, der zu einer Marktfrau meint, sie »halte ihn wohl für einen Engländer« (*Me prenez-vous pour un anglais?*) und wolle ihn für dumm verkaufen. Die gelten offenbar als derart leicht zu täuschen, dass selbst in Portugal etwas, das nur zum Schein geschieht, »für den englischen Blick« (*para inglês ver*) inszeniert wird. Ein einziger Lichtblick zeigt sich für die derart heruntergeputzten Briten: Modische Ringellöckchen heißen in Paris immerhin »Engländerinnen« (*anglaises*).

* *

Ein deutscher Streit → Mach nicht den Deutschen

Ein französischer Brief → Von französischen Knüppeln, Nasen und dem Abschied

Ein kleines Fahrrad im Kopf

»… was die Welt/Im Innersten zusammenhält«, hätte schon Faust gern gewusst. Was dagegen den Menschen – geistig – beieinander hält, scheint kein so großes Geheimnis zu sein. Denn wenn es nach den Europäern geht, sind wir alle kleine Roboter: hübsch verlötet, genietet und verschweißt. Drehen wir frei, »fehlt uns ein Rädchen« (*mancare d'una rotella*), wie Italiener sagen, haben wir spanisch

»eine lose Mutter« (*tener una tuerca floja*) oder sind auf Englisch ganz einfach »Bolzen« (*being nuts*). Einzig für die Tschechen ist der sprichwörtliche »Sprung in der Schüssel« offensichtlich ein nennenswertes Extra: Bedeutet er doch, »im Kopf ein Rädchen mehr zu haben« (*mít v hlavě o kolecko víc*).

Freilich geben unsere Nachbarn trotzdem zu, dass der menschliche Geist mehr zu bieten hat, als was sich auch in unserer Küchenuhr finden lässt. Und zwar am liebsten dann, wenn es abhanden kommt. Aber was tritt da zutage? In England geht der Verstand mit den »Murmeln« flöten, die man verlegt (*not to have all one's marbles*). Auch Franzosen verlieren dann und wann »eine Kugel« (*perdre la boule*) – und das, obwohl einer, der nicht mehr bei allen Sinnen ist, »ein Fach im Kopf leer« hat (*avoir une case vide*). Anderswo verliert man den Grips eher hölzern. So heißt es in Polen beispielsweise, einem »fehle der fünfte Parkettstab« (*brak mu piątej klepki*). Man ist bodenständig im Osten. Die Portugiesen, als Herren des 20 Jahre gelagerten Portweins, sprechen dagegen lieber davon, dass der Verrückte »eine Fassdaube zu wenig« hat (*ter uma aduela a menos*). Wer aber in Porto keine undichten Fässer akzeptiert, nicht einmal sprichwörtlich, kann einem Spinner ebenso vorwerfen, ihm fehle »ein Dachziegel« (*ter uma telha a menos*).

Überhaupt spielt sich – sinnigerweise – in Europa ein Dachschaden meist im Oberstübchen ab. Und da oben ist eine Menge los. Vornehm geht es in Spanien zu, wo man als Durchgeknallter »auf der Dachterrasse schlecht ist« (*estar mal de la azotea*). Engländer dagegen »haben Fledermäuse im Glockenturm« (*have bats in the belfry*) oder »Bienen in der Mütze« (*have bees in the bonnet*) und in Frankreich gesellt sich noch »eine Spinne an der Decke« dazu (*avoir une araignée au plafond*). Aber sollte einer tatsächlich nicht mehr alle Kekse in der Dose haben, bleibt es nicht beim Ungeziefer. Manchmal hat ein wirrer Franzose auch »die gesprungene Klingel« (*avoir le timbre fêlé*), ist »mit Schmirgel zugestopft« (*être bouché à l'émeri*) oder bei ihm fährt gar »ein kleines Fahrrad im Kopf« (*avoir un petit vélo dans la tête*).

Offensichtlich ist man sich nicht einig darüber, ob die Verrücktheit in den Kopf hinein oder Vernunft hinaus gelangt ist, ob man etwas verloren oder eher etwas »mitbekommen« hat. Während Portugiesen finden, mit einer Macke sei man »hart an der Fontanelle« (*ser duro da moleira*), behaupten Holländer eher, ein Irrer »habe ein Loch in seinem Kopf« (*een gaatje in zijn hoofd hebben*). Außerdem hat man mit einem Knall in Amsterdam eher »einen Schlag von der Mühle« (*een klap van de molen hebben*), in Rom aber »nicht alle Freitage« beisammen (*non avere tutti i venerdì*). Durchaus einiges bei sich hat indes ganz sicher ein Engländer, wenn er »verrückt wie ein Märzhase« wird (*be mad as a march hare*). Dessen Fortpflanzungstrieb, der im Frühling den Bau binnen kürzester Zeit füllt, macht fraglos Eindruck.

Eine Pik-Zwei bekommen

Irgendwo in Amsterdam nimmt ein Jüngling all seinen Mut zusammen, marschiert zum Haus des Mädchens seiner Träume, klingelt, stottert ihr sein unbeholfenes, aber bewegendes Liebesgeständnis zum Fenster hinauf – und »fängt« kurz darauf »einen Schuh« (*een bot vangen*). Wo bleibt der zweite, fragt man sich, er aber versteht, trottet geknickt nach Hause und wirft den Latschen auf den Haufen zu den anderen.

Gäbe es ihn, den europäischen Anti-Don Juan, der Schrein seiner Verluste müsste beachtlich und ein wahres Sammelsurium sein. Denn »einen Korb« holt man sich nur bei uns und in Polen (*dostać kosza*). Allenfalls einen blauen Hintern mitnehmen kann man sich von einer Abfuhr in Norwegen, wo ein wählerischer Prinz Bewerberinnen mit »einer glatten Schicht« (*gi noen det glatte lag*) davonschickt. Italiener holen sich da immerhin »eine Pik-Zwei« ab, wenn die Liebe ausbleibt (*prendersi un due di picche*). Dass es sich dabei nicht um ein Herz As handelt, versteht jeder, auch wenn er kein passionierter Kartenspieler ist.

Einen eigenen kleinen Schrank für die Zeichen verschmähter Liebe können die Portugiesen für sich beanspruchen. Während der erste arme Kerl von der Dorfschönheit »den Kuchen« gereicht bekommt (*levar o bolo*) und sie dem zweiten »einer Blechdose gibt« (*dar lata a alguém*), muss der dritte »Ziegenbocksuppe essen« (*comer sopa de bode*). Dem schüchternen Nachzügler bleibt schließlich ein »Flaschenkürbis« (*levar o cabaço*) als traurige Trophäe – und der Trost der Phantasie: Ist doch *cabaço* auch der portugiesische Spitzname für das Jungfernhäutchen. Unverrichteter Dinge abziehen muss er aber letztlich genauso wie der Spanier, der gleichfalls eine »Kalebasse« davonträgt (*llevarse una calabaza*), oder der Grieche, den die Angebetete »Nudeln essen« lässt (τρώω τη χυλόπιτα – *tróo ti chilópita*).

Gleichsam ein Rundumpaket gibt es in England: Wer nach der »Abbürstung« (*get a brush off*) noch nicht verstanden hat, dass es nichts zu holen gibt, wird »mit einer Fliege im Ohr weggeschickt« (*be sent off with a flea in one's ear*), um »zu packen« (*send someone packing*). Zwar ist keine Zurückweisung so sanft wie die französische, aber auch eine Pariserin hat es nicht gern, dass unglücklich Verliebte vor ihrer Haustür rumlungern. Wenn die umsonst Angebetete dem abgeblitzten Charmeur nicht einen Gang »auf die Rosen« nahelegt (*envoyer quelqu'un sur les roses*), schickt sie ihn gewiss »spazieren« (*envoyer promener quelqu'un*). Und es ist nicht ausgeschlossen, dass er dann irgendwo unterwegs unseren Holländer trifft, der inzwischen »einen Bläuling läuft« (*een blauwtje lopen*), weil seiner zweiten Wahl die Schuhe ausgegangen sind.

· ·

Eine umgebaute Laus → Den Weinstock mit Würsten binden

Einen Affen haben → Wenn die Kneipensäule den Ellenbogen hebt

Einen Finger in der Pastete haben → Mit der Hand in der Pasta

· ·

Einen Schmetterling auf dem Rad brechen

Es mag ja sein, dass Europa sich in den letzten Jahren in der Welt einen Namen als eine Bastion der Friedensbewegung gemacht hat. Aber das ist alles Täuschung. Wenn es hart auf weich kommt, werden schon einmal gewaltige Geschütze vor winzigen Gegnern aufgefahren. Russen finden zum Beispiel wie die Deutschen, dass man erst » aus der Kanone auf Spatzen schießen« muss, um wahrlich als maßlos zu gelten (*стрелять из пушки по воробьям – ßtreljátj is púschki po worobjám*). Franzosen gehen bei der Wahl der Waffen ausnahmsweise einmal mit der Zeit und versuchen, die harmlosen Vögelchen mit einer » Bazooka« zu erlegen (*tirer des moineaux avec un bazooka*). Noch eine Nummer kleiner mag man es in Finnland und eröffnet das Geschützfeuer » auf Fliegen« (*tykillä kärpästä*).

Am Erfolg derart überzogener Maßnahmen besteht landauf, landab kaum Zweifel. So heißt es in Spanien, man habe » Fliegen mit Kanonenschüssen getötet« (*matar moscas a cañonazos*), während man es in Paris vorzieht, das lästige Insekt » mit einem Hammer zu zerquetschen« (*écraser une mouche avec un marteau*). Apropos Hammer. Engländer finden es dann doch überzogen, » einen Vorschlaghammer zu nehmen, um eine Nuss zu knacken« (*take a sledgehammer to crack a nut*). Letztlich können die Briten aber sogar ihren flügge gewordenen Kolonien in Sachen Unangemessenheit der Mittel noch etwas beibringen. Die Wendung » einen Schmetterling auf dem Rad zu brechen« (*break a butterfly upon a wheel*) knüpft nämlich an die fast schon vergessenen Zeiten mittelalterlicher Strafrituale an, als es üblich war, verurteilte Schwerverbrecher auf ein Wagenrad zu binden und ihnen darauf alle Knochen zu zerbröseln. Überliefert hat uns das durchaus poetische Bild der englische Dichter Alexander Pope in seiner » Epistle to Dr Arbuthnot« (1734), wirklich bekannt machte sie aber ein Chefredakteur der » Times«. Als nämlich 1967 Mick Jagger und seine Kumpanen von den » Rolling Stones« wegen Drogenbesitzes verhaftet, angeklagt und auch verurteilt wurden, zitierte das englische Blatt am nächsten Morgen gegen die Sittenwächter in Großbuchstaben Popes (leicht aktualisierte) Gedichtzeile – »Who breaks a butterfly on a wheel?« Jagger erhob Einspruch und wurde freigesprochen. Sehr zum Leidwesen sicher nicht nur grundanständiger englischer Mütter und Väter, die dem Möchtegernrevoluzzer alle Gräten einzeln gestreckt hätten.

Es steht auf nichts ...

... schimpfen die Griechen (δεν στέχει πουθενά – *den stéki puthená*) über eine schlecht geplante Unternehmung und nehmen die Sache lieber selbst in die Hand, damit sie auch in den Augen der kritischen Franzosen »stehend hält« (*tenir debout*), was sie verspricht. Wenn das nicht gelingt, dann sagen Deutsche, sie entbehre »Hand und Fuß«. Polen vermissen immerhin noch »Hände und Beine« (*mieć ręce i nogi*), aber schon in Spanien, Portugal und Tschechien sucht man bei unausgegorenen Ideen neben den »Füßen« vergeblich den »Kopf« (*no tener pies ni cabeza/não ter pés nem cabeça/nemá to ani hlavy ani paty*). »Weder Schwanz noch Kopf« hat das Planlose schließlich in Frankreich (*n'avoir ni queue ni tête*), was Italiener zwar auch so sehen, es aber einfach umdrehen (*non avere né capo né coda*). In Schweden wiederum hat eine folgenschwere Gedankenlücke gar nichts Körperliches mehr an sich. Vielmehr hat sie »weder Reim noch Vernunft« (*varken rim eller reson*). Gewachsen ist der Ausdruck aber auf einem englischen Mist (*without rhyme or reason*), von wo er dann seinen Weg zu den Nordmännern gefunden hat. Eine taktvolle Art, jemandem die Unsinnigkeit seines Vorhabens mitzuteilen, gibt es auch in Spanien, wo es heißt, etwas sei »ohne Ton und Klang« (*sin ton ni son*). Holländer kennen dagegen die Wendung, »das berührt weder Ufer noch Land« (*dat raakt kant noch wal*) für etwas, das – auf Englisch gesagt – »kein Wasser hält« (*not to hold water*). Schöner kann man einen unbrauchbaren Einfall nur noch in Italien umschreiben: Den gibt es nämlich »nicht im Himmel und nicht auf der Erde« (*non stare né in cielo né in terra*).

Etwas in den Schnurrbart wickeln

Wer sich all die guten Ratschläge von Oma, der Nachbarin, dem Hausarzt, dem Chef oder dem Bewährungshelfer nicht merken kann, tut gut daran, sie irgendwo in Stein gemeißelt mit sich herumzutragen. Schließlich ist an ihnen oft etwas dran. Wem das aber zu schwer ist, für den bietet der europäische Sprachbaukasten eine ansehnliche Vielfalt von Möglichkeiten, wo Denkwürdiges unterzubringen ist.

Am liebsten: Nicht weit vom Hohlraum, wo wir unsere Gedanken vermuten. In Frankreich empfiehlt man gern, »sich etwas in die Rübe zu stecken« (*se mettre quelque chose dans le ciboulot*), Engländer finden, man solle sich, was man nicht vergessen will, »unauslöschlich in seinen Geist ätzen« (*etch something indelibly in one's mind*). Etwas weniger brutal scheint da schon der in Tschechien und Deutschland übliche Vorschlag, sich das Notwendigste »hinter die Ohren zu schreiben« (*zapsat si něco za uši*). Dabei ist dieser Brauch, zumindest hierzulande, durchaus nicht ganz gewaltfrei. Geht er doch auf die Tradition zurück, junge Knaben zur Festsetzung von

Grenzziehungen mitzunehmen, wo sie an Ort und Stelle einige Ohrfeigen bekamen, in der Überzeugung, sie würden sich dadurch länger an das Geschehene erinnern.

Überhaupt ist man sich in Europa einig: Schmerzen helfen dem Gedächtnis am besten auf die Sprünge. Denn auch Russen machen sich für alles, was sie behalten wollen, – gut sichtbar – »eine Kerbe in die Nase« (*зарубить на носу – sarubítj na noßú*). Unangenehm. In Holland wiederum glaubt man, sich die von der Nachbarin verordnete Hausordnung am besten merken zu können, wenn man sie »sich in seine Ohren knotet« (*iets in zijn oren knopen*). Zum Glück ist Gewalt nicht alles und steckt Europa voller Phantasie. Wenn Spanier beispielsweise auf den Tipp ihres Arztes hören, »werfen sie ihn nicht in einen kaputten Sack« (*no echar alguna cosa en saco roto*). Nebenan, in Italien, neigt man eher dazu, sich Opas Weisheiten »an den Finger zu binden« (*legarsela al dito*). Angenehm meditativ kommt der britische Vorschlag daher, den neuen Verhaltenscodex vom Chef »in die Pfeife zu tun und zu rauchen« (*put something in one's pipe and smoke it*). Besonders verlockend klingt der Brauch der Russen, sich das, was wirklich wichtig ist, »in den Schnurrbart zu wickeln« (*мотать себе на ус – motátj ßebé na ußf*). Gezwirbelte Bärte finden wir Deutschen ja ohnehin unwiderstehlich.

* *

Fett wie ein spanischer Anker → Schlösser in Spanien

Französisch sprechen wie eine spanische Kuh → Schlösser in Spanien

Fulano, Jacques und Harry

Wer es auf seiner nächsten Party so richtig krachen lassen will, der könnte auf seiner Einladung schlicht vermerken: *Tizio, Jan* und *Per* sind willkommen. Danach sollte er allerdings schnell seine Möbel in der Garage unterstellen, die Pflanzen anbinden und den Hund bei den Nachbarn abgeben, denn er hat soeben »Hinz und Kunz« eingeladen. Dass die indes nicht überall so heißen, ist nicht nur komisch, sondern meist sogar erklärlich.

Wenn in England Himmel und Menschen kommen, kann man sicher sein, dass wenigstens *Tom, Dick und Harry* dabei sind. *Tom* – als Kurzform von Thomas – ist der »Älteste« unter ihnen, er gilt schon seit dem 14. Jahrhundert als Spitzname für den gemeinen Mann. *Dick* – was so viel wie »Kumpel« bedeutet und sich als reimende Variation zu Rick, der Kurzform von Richard, gebildet hat – und *Harry* – die mittelalterlich geschnarrte Form von Henry – kamen erst später zur Jedermann-Combo. Dafür wurden sie aber immerhin von Shakespeare quasi geadelt, der sie in ein Lied am Ende der Komödie *Love's labour lost* aufnahm, wo es heißt: *And Dick the shepherd blows his nail/And Tom bears logs into the hall* (»Und Dick der Schäfer bläst seine Nägel/Und Tom trägt Holz in die Halle«). Warum die beiden Deppen in der deutschen Übersetzung des Romantikers August Wilhelm Schlegel dann stattdessen als »Thoms« und »Hans« – und zwar in dieser Reihenfolge – auftreten, verstehe, wer will.

In Frankreich heißen Hinz und Kunz *Pierre* und *Paul*. Manchmal ist auch *Jacques* noch dabei, seltener *Martin*. Allerdings ist *Jacques* mit Vorsicht zu genießen. Als »Meister Jacques« (*maître Jacques*) ist er ein allseits geachteter Vorarbeiter, aber »die Jacques« (*les Jacques*) sind das gemeine Bauernvolk und wer »den Jacques macht« (*faire le Jacques*), spielt den Hanswurst.

Tizio, Caio und *Sempronio* ruft man in Rom das symbolische Trio, wobei *Tizio* – den es mit *Tizia* als Mädchen und mit *Tizie* auch im Plural gibt – manchmal sogar allein als »jeder« unterwegs ist. Norweger finden wie wir, dass ein Paar genügt und laden zur offenen Fete nur *Per* und *Pål* ein, auch wenn trotzdem alle kommen. Noch weniger Gäste brauchen die Holländer: Sie machen die Sause nur für »Jan und jedermann« (*Jan en alleman*).

Harry und *Jacques, Sempronio* und *Jan*. Wie »Hinz und Kunz« spiegeln diese Wendungen das Buch der beliebtesten Vornamen – zur Zeit ihrer Entstehung. Denn Kunz und Hinz sind Kurzformen der im Mittelalter beinahe inflationär verbreiteten Vornamen Konrad und Heinrich. Schon um 1300 klebten sie als Spruch aneinander und wurden im 15. Jahrhundert zum überaus spöttischen Sinnbild der zwei »Jedermanns«, die seitdem eine steile Karriere hingelegt haben. Unvergesslich wurden die beiden durch die Fabeln des Dichters Matthias Claudius, der sie stets als zwei Bauern miteinander streiten ließ. Etwa so: »Was meinst du, Kunz, wie groß die Sonne sei? – Wie groß, Hinz? Als ein Straußenei!«

Eine Ausnahme bilden die Schweden, die offensichtlich derart höflich sind, dass sie sogar über x-beliebige Leute mit Nachnamen – *Andersson, Pettersson* und *Lundström* – sprechen. Die spanischen Drei – *Fulano, Zutano* und *Mengano* – scheinen wohl eher wegen des Reimes zusammengekommen zu sein. Ähnlich geht es dem portugiesischen Duo *Fulano* und *Sicrano*. In beiden Ländern besitzt allein *Fulano*, gewissermaßen als Anführer, ein Eigenleben, das so eigen freilich nicht ist. Schließlich ist er »Herr Soundso«. Zwar gibt es auch hier mit *Fulana* eine weibliche Version. Gegenüber einer Spanierin sollte man damit aber eher vorsichtig sein, handelt es sich dabei doch um »ein leichtes Mädchen«.

Bei unseren näheren östlichen Nachbarn hat man darauf verzichtet, den einzelnen für die vielen hinzustellen und sagt, wie die Polen, lieber gleich, man hätte die »ganze Umgebung« (*cała okolica*) eingeladen. Briten schließen sich da gern an, denn sie kennen neben »dem Fleischer, dem Bäcker und dem Leuchtermacher« (*the butcher, the baker and the candlestick-maker*) ohnehin »alle und diverse« (*all and sundry*). Und wer erscheint am Ende? Klar: »der Pöbel und der gestutzte Schwanz« (*ragtag and bobtail*). Mehr hatte man ja auch nicht gebeten zu kommen.

• •

Großmutter das Eierausblasen beibringen → Wind auf dem Feld suchen

• • • • •

Grüne Hunde, lustige Zebras und schwule Fische

Über Geschmack lässt sich definitiv streiten, schließlich ist er eine Ansicht und eine persönliche noch dazu. Ob grün zu blau, Streifen und Karos oder Anzug mit Badelatschen – Tabus sind längst seltene

Ware. Und doch hat das Ungebührliche einen Namen, mitunter sogar einen farbigen. In Spanien etwa mit einem »grünen Hund« zu verkehren, ist weniger für die eigenen Hosenbeine, als für den guten Ruf bedenklich, denn seine Gesellschaft gilt als höchst unerfreulich. Wer von einem Iberer gesagt bekommt, er sei »so selten wie ein grüner Hund« (*más raro que un perro verde*), wird zwar nicht wegen seiner – in Spanien zweifellos seltenen – ökologischen Gesinnung beschimpft, darf das aber auch nicht unbedingt als Kompliment verstehen. Gleiches gilt für jenen Zeitgenossen, den ein Franzose als »lustigen Vogel« oder »lustiges Zebra« (*être un drôle d'oiseau/un drôle de zèbre*) tituliert und damit keine tierische Clownerie im Auge hat. Er ist, was die Polen – ganz und gar humorlos – einen »seltsamen Typen« (*dziwny typ*), und wir Deutschen einen schrägen, seltenen oder komischen Vogel nennen. Schrullige Gewohnheiten und absonderliche Ansichten machen ihn nicht nur anders, sondern meist auch salonuntauglich und folglich zum Außenseiter. Nicht umsonst heißt es in Frankreich, dass »Typen wie er nicht über die Straße rennen« (*types comme lui ne courent pas les rues*). Dort, wo er es doch tut, fällt er auf, aber scheinbar überall anders.

In Italien, wo der komische Vogel wie in Spanien ein Hund sein kann, ist er nicht grün, sondern »gelb« (*raro come un cane giallo*). Wer indes auf Nummer sicher gehen will, nicht von einem Chinesen für einen heimlichen Rassisten gehalten zu werden, spricht lieber – politisch korrekt – vom »seltenen Tier« (*bestia rara*). Da aber in *bestia* immer auch die »Bestie« und der »Esel« mitgemeint sind, bleibt ein Mindestmaß an Verunglimpfung erhalten. Einen ganz besonders schrägen Vogel haben wohl die Holländer vor Augen, wenn sie vom »komischen Schnauzhahn« (*rare snoeshaan*) sprechen. *Snoes*, das auf die gleiche Herkunft wie die deutsche »Schnute« verweisen kann, drückte noch im 17. Jahrhundert aus, dass der »Schnauzhahn« seine Nase in alles steckte, was ihn nichts anging. Geblieben ist davon nicht viel: *Snoes* hat sich als »Zuckerschnute« zum klebrigsten aller Kosenamen gemausert und *snoeshahn* allein meint heute nur noch einen Angeber – erst durch *rare* wird er zum komischen Kauz.

An Griechenland scheint der paneuropäische Zoo völlig vorüber zu ziehen, sodass man sich dort angesichts schräger Vögel nur fragen kann: »Was für eine Frucht ist das?« (*Τί φρούτο είναι αυτό; – Ti frúto íne aftó?*). Worauf der Engländer wiederum nur antworten könnte: »Gar keine!«, denn im europäischen Inselstaat ist der Eigenbrötler ein »seltsamer Fisch« (*queer fish*). Die Ironie der Sprachgeschichte liegt in ihrer Überholspur: Da *queer* seit den 1920er Jahren mehr und mehr die erotische Ausrichtung Homosexueller beschreibt – und diese das anfängliche Schimpfwort angriffslustig angenommen haben –, ist der »verquere Fisch« mittlerweile schwul geworden. Wer diese Zweideutigkeit und ein paar Maulschellen zusätzlich umgehen will, greift daher schlicht zum unzweideutigen *odd fish* (»kauziger Fisch«). Dass der so Angesprochene auf Prügel verzichtet, kann allerdings nicht garantiert werden.

In Deutschland hat der seltene Vogel indes Tradition: Schon bei Luther findet sich der bedeutungsschwere Satz: »Und solt wissen, das von anbegynn der wellt gar eyn seltzam vogel ist umb eyn klugen fursten, noch viel seltzamer umb eyn frummen fursten.« Auf Deutsch gesagt: Luther wirft den katholischen Fürsten an den Kopf, sie seien von Schwachköpfen umgeben oder gar selbst welche. Dass die überwiegend katholischen Franzosen dem nicht zustimmen können, versteht sich von selbst, weshalb sie auch von einem schrägen Kauz sagen, er sei »nicht ganz katholisch« (*pas très catholique*).

Herz in der Ferse

Stellen Sie sich vor, sie gehen nachts durch eine einsame Gasse, die Laterne ist ausgefallen, kein Mensch in der Nähe. Stille. Plötzlich hören Sie Schritte, jemand atmet schwer, hechelt beinahe und ein immer größer werdender Schatten zeichnet sich an der nächsten Straßenecke ab. Wie fühlen Sie sich? Und was macht ihr Herz? »Es sinkt«, meinen die Engländer (*my heart sinks*). Es rutscht, sagen wir Deutschen, ein bisschen dramatischer. Aber wohin? Nun: nach unten, meistens jedenfalls. Auf der Insel verkriecht es sich »in die Schuhe« (*my heart sinks to my boots*), wobei man es unter Umständen auch »in den Eingeweiden« finden kann (*my heart sinks to my guts*). Es geht doch nichts über einen Plan B. Auch die Holländer müssen nach einem gehörigen Schreck »in ihren Schuhen« nachsehen, finden dort allerdings – etwas phantasielos – nicht ihr Herz, sondern gleich ihren Mut (*iemand zinkt de moed in de schoenen*). Ein griechisches Herz, genauer eine griechische »Seele«, scheint sich schon »in den Beinen« sicher zu fühlen (μου πέφτει η ψυχή στα πόδια – *mu péfti i psychí sta pódia*), in Spanien macht sie dagegen erst »in den Füßen« Halt (*caérsele a uno el alma a los pies*). Italiener und Deutsche wiederum sehen die Sache pragmatisch – ihr Herz findet man, wenn es hart auf hart kommt, »in der Hose« (*il cuore gli cadde nelle brache*). 1817 sangen beherzte deutsche Studenten, als sie die Wartburg besetzten, über die alten Helden folgendes Lied: »Es hat der Held- und Kraftulan/Sich einen Schnürleib angetan./Damit das Herz dem guten Mann/Nicht in die Hosen fallen kann.« Und das war eigentlich gar nicht metaphorisch gemeint. So wie sich ein Deutscher vor Schreck in die Buxen macht, würde auch ein Italiener sich »vor Angst bescheißen« (*cacarsi sotto dalla paura*).

Wenn es stimmt, dass der verschreckteste Angsthase sich am besten versteckt, müssten eigentlich die Russen als die größten Feiglinge Europas gelten. Ein russisches Herz verkriecht sich nämlich bis »in die Ferse« (*душа ушла в пятки – duschá uschlá w pjátki*). Andererseits wären dann die Finnen besonders mutig, denn bei ihnen fällt das Herz gar nicht; vielmehr klettert es – »in die Gurgel« (*sydän kurkussa*). Ganz sicher erinnert diese Wendung daran, dass, selbst wenn (und vor allem wenn!) einem das Herz in die Hose gerutscht ist, es noch immer »bis zum Hals schlagen« kann. Den leicht erregbaren Briten hüpft es dann übrigens sogar »in den Mund« (*my heart was in my mouth*). Aber es kommt noch besser: Wen in Frankreich »der Bammel nimmt« (*la trouille prend quelqu'un*), der hat »Hinterbacken, die Trommel spielen« (*avoir les fesses qui jouent du tambour*) – ein Schauspiel, das gewiss nur wenige je zu Gesicht bekommen werden.

In Spanien ist, wie im gesamten Mittelmeerraum, vielleicht sogar überall, Mut Männersache. Grund genug, dass ein Furchtloser nicht Mut, sondern gleich »Hoden hat« (*tener cojones*). Wenn nun aber der Schatten in der Dunkelheit immer größer und das Ächzen lauter wird, trägt sogar ein Spanier »seine Eier als Krawatte« (*tener los cojones por corbata*) – selbst wenn am Ende unserer Geschichte nur eine alte Frau mit ihrem Dackel um die Ecke schlurft.

Hinterbacken, die Trommeln spielen → Herz in der Ferse

Hühner umzingeln → Wenn die Kneipensäule den Ellenbogen hebt

Im schönen Laken

Über wenig lässt sich so schön plaudern wie über Probleme, und die anderer Leute machen allemal Spaß. Besser wird es da nur noch, wenn es sich um die Sorgen unserer europäischen Nachbarn handelt, die uns oftmals gänzlich fremd sind. Während wir uns nur zu gern sonntags in duftender Weißwäsche räkeln, finden es Franzosen alles andere als witzig, »in schönen Laken« (*être dans de beaux draps*) zu sein, denn es bedeutet schlicht Probleme. Kein Wunder, denn wer in weiße Laken eingewickelt wird, ist meistens tot. Und tiefer kann man wahrlich nicht in der Klemme stecken.

Tatsächlich legen die meisten anderen europäischen Kulturen wenig wert auf das Bild der bedrohlich einschnürenden Notlage. Allenfalls die englische Wendung »in einem engen Punkt sein« (*be in a tight spot*) oder das russische »in den Einband geraten« (*попасть в переплет – popáßtj w perepljót*) tragen unserer Vorstellung einer drängenden Lage Rechnung. In Spanien ist man zwar nur »in ein Bündel verwickelt« (*estar metido en un lío*), gemütlicher wird es dadurch aber sicher nicht. Viel lieber verbinden unsere Nachbarn ihre Probleme mit tierischen Angelegenheiten. Dabei geht es durchaus mit unterschiedlichen Vorzeichen zur Sache. Wo die Norweger sich in »Katzenpein« befinden (*være i kattepine*), meinen Russen, sie wären »wie das Huhn in die Kohlsuppe geraten« (*попасть как кур во щи – popáßtj kak kur wó stschi*) und haben Italiener »die Krätze« (*avere delle rogne*). Andererseits kann die Gefahr durchaus auch von den animalischen Geschöpfen selbst ausgehen. In England sieht man sich in einer misslichen Lage nämlich unversehens einem Wolf gegenüber und »hält ihn an den Ohren« (*hold the wolf by the ears*), was an sich die Züge einer Zwickmühle trägt. Ihn loszulassen hieße, das Unheil zu entfesseln, wegzulaufen, würde wiederum voraussetzen, ihn freizugeben. Es ist jedoch zu bezweifeln, dass man »den Fühlern der Spinne« (*ver-se em palpos de aranha*), die in einer portugiesischen Patsche wartet, entspannter begegnen kann.

Weitere Möglichkeiten, einem Problem mit ein wenig Ironie zu begegnen, bieten auch die Pflanzenwelt und vor allem das Kulinarische, sodass es mitunter schwer fällt, die Wendungen als Schilderung einer Zwangslage ernst zu nehmen. Denn wer stellte es sich nicht komisch vor, »in einem Wacholdergebüsch zu stecken« (*cacciarsi in un ginepraio*), wie es Italiener von sich sagen, oder »sich in ein Auberginenfeld zu setzen« (*meterse en un berenjenal*), was Spaniern öfter widerfährt? Bekannter kommt uns da schon der holländische Ausdruck vor, »mit dem Arsch in den Brennnesseln zu sitzen« (*met zijn gat in de brandnetels zitten*). Den Vogel schießen aber eigentlich die Engländer ab, denn sie sitzen – in der Tinte – »auf einem Gummibaum« (*be up a gum tree*). Am allerliebsten scheinen sie sich aber – wie die meisten Europäer – in einer essbaren Patsche zu wälzen. Stehen als sprichwörtlicher Schlamassel doch »Marmelade«,

»Suppe«, »nettes eingelegtes Gemüse« und ein »hübscher Kessel mit Fisch« (*be in a jam/soup/nice pickle/pretty kettle of fish*) zur Auswahl. Holländer müssen sich dagegen mit »Püree« begnügen (*in de puree zitten*), das in Frankreich wiederum allenfalls als Auftakt gelten kann. Trifft man letztere doch mit – notbedingter – Vorliebe im »Backtrog«, der »Brotsuppe«, der »Melasse« oder dem »Kohl« an (*être dans la purée/le pétrin/la panade/la mélasse/les choux*).

Sollte sich einer durch all das hindurchgekämpft haben, kann es indes passieren, dass er »die Herberge noch nicht verlassen hat« (*ne pas être sorti de l'auberge*), ihm also noch allerhand bevorsteht. Erst, wenn er ganz unten – »im dritten Untergeschoss« (*être dans la troisième dessous*) – angekommen ist, steht ihm das Wasser wirklich bis zum Hals. Die *dessous* erinnern an die Theater vergangener Tage, in denen nicht allein die Bühne die Welt bedeutete, sondern auf bis zu drei Ebenen darunter im Verborgenen an der hölzernen Illusion mitgewirkt wurde. Auf der tiefsten angekommen ist so mancher darauf angewiesen, dass ihm jemand »die Stange hinhält« (*tendre la perche à quelqu'un*) und aus der Not hilft.

Ohne diese freundliche Hand wäre man auch in London in der »verdächtigen Straße« (*be in Queer street*) und bliebe »übrig, die Tasche zu halten« (*be left holding the bag*) – die Suppe auszulöffeln also. Noch verlassener kann man nur in Spanien sein, wo man in der Tinte nicht nur »bucklig« (*estar jorobado*), sondern auch »verlorener als Carracuca« (*estar más perdido que Carracuca*) ist. Wer der arme Tropf war, ist heute nicht mehr in Erfahrung zu bringen. Klar ist lediglich, dass er sich so sehr »wie eine Hure in Stoppeln« (*estar como puta por rastrojo*) – in Schwierigkeiten eben – befand, dass ihm diesbezüglich keiner das Wasser reichen kann. Auf andere Weise ebenbürtig ist ihm allenfalls eine finnische Unflätigkeit wie

»in der Pisse sein« (*olla kusessa*), die auf jeden Fall für einen derben Fluch bei einer Reifenpanne im Nirgendwo gut ist.

Etwas zivilisierter geht es da in Schweden zu, wo es heißt, man »sitze im Klebstoff« (*sitta i klistret*). Gleichfalls klebrig, aber ganz anderen Ursprungs ist der Ausdruck »an einem klebrigen Türchen sein« (*be on a sticky wicket*), der auf eine der unzähligen britischen Nationalsportarten anspielt: Kricket. *Wickets* sind dabei die drei kleinen Stangen, die der eine Spieler mit einem Ball treffen und der andere beschützen muss. Bei regnerischem Wetter und tiefem Boden wird dies naturgemäß schwer und das *wicket* buchstäblich *sticky*.

Glücklicherweise finden sich aber stets auch Ausdrücke, die genauso unerklärlich sind, wie so manche Klemme unlösbar. Was, bleibt zu fragen, macht ein Portugiese in Not in »grauen Hosen« (*ver-se em calças pardas*) und warum sitzt ein bedrängter Holländer »im P« (*in de p zitten*)?

In den Walfischarsch!

Wenn einem jemand »Viel Scheiße!« (*¡Mucha mierda!*) zuruft, ist man erst einmal empört. Dabei meint er es doch gut, wünscht Glück. Jedenfalls in Spanien. Aber auch Franzosen schicken einander »Scheiße« (*Merde!*) auf den Hals, wenn es auf das Quäntchen Fortune ankommt, das es nicht auf Rezept gibt. Gerade Künstler – Schauspieler, Musiker oder Tänzer – werfen einander, kurz bevor sich der Vorhang hebt, so manche Verwünschung an den Kopf, für die sie sich anderswo ein blaues Auge einfangen würden.

Probieren Sie es aus: Rufen Sie einem italienischen Barden zu, Sie hoffen, er lande »im Maul des Wolfs« (*In bocca al lupo!*). Wenn er Ihnen dann ein vergnügtes »Verrecke!« (*Crepi (il lupo)!*) zurückgibt, will er Ihnen keinesfalls ans Leder, sondern bedankt sich artig, spielt das Spiel mit – und verflucht das Unglück. Es scheint ein abergläubisches Ritual, das da vollzogen wird, beruhend auf der Vorstellung, jemandem Glück zu wünschen, beschwöre vielmehr Unglück. Also dreht man den Spieß um und fleht, flucht und bittet das Scheitern herbei, in der Hoffnung, dieses Schicksal zu durchbrechen. Und gebrochen wird reichlich. So wünschen polnische Schauspieler einander einen »Hals-« (*złamania karku*), britische einen »Bein-« (*Break a leg!*) und deutsche – ganz unbescheiden – einen kombinierten »Hals- und Beinbruch«.

Dabei ist letztlich nicht einmal sicher, ob hinter all diesen Ausdrücken tatsächlich ein Abwehrzauber steckt, denn es gibt auch andere Erklärungen. Beispielsweise heißt es, dass die Italiener mit dem Glück bringenden Wolfsmaul an die Gründungsgeschichte Roms erinnern. Diese besagt, dass die beiden Brüder Romulus und Remus, die später die Stadt aus der Taufe hoben, im Kindesalter ausgesetzt und von einer Wölfin aufgezogen wurden. Der englische »Beinbruch« wiederum soll auf die bekannte Tradition zurückgehen, dass die Schauspieler nach einem erfolgreichen Stück wiederholt auf die Bühne zurückkehren, um sich – ihr Bein metaphorisch brechend – zu verbeugen. Es ist sogar zu lesen, dass zu Shakespeares Zeiten die Mimen einen Teil ihrer Gage den Trinkgeldern verdankten, die von den Zuschauern auf die Bühne geworfen wurden. Diese einzusammeln brach man sich gern ein Bein ab und wünschte es einander auch. Für das nötige Eigenleben der Redewendung sorgen zusätzlich zwei andere Legenden aus dem Bühnenmilieu. Immerhin soll sich der US-amerikanische Schauspieler John Wilkes Booth tatsächlich das Bein gebrochen haben, als er 1865 nach seinem Attentat auf Abraham Lincoln aus dessen Loge auf die Bühne des Washingtoner Ford-Theaters sprang, um zu entkommen. Das Glück war allerdings nur von kurzer Dauer, denn wenig später wurde er gestellt und bei der Festnahme getötet. Möglicherweise versuchen deshalb englische Darsteller lieber, den Geist der berühmten Schauspielerin Sarah Bernhardt herbeizurufen, die Anfang des 20. Jahrhunderts selbst nach der Amputation eines Beines noch äußerst erfolgreich auf der Bühne stand.

Dass Deutsche sich mit dem »Hals- und Beinbruch« gleich doppelt verwünschen, ist indes ziemlich sicher auf die handfeste abergläubische Verballhornung eines hebräischen Ausdrucks zurückzuführen. Offensichtlich fiel der fromme Wunsch *hazlóche un bróche* (»Glück und Segen«) der Idee zum Opfer, mit dem Gegenteil mehr erreichen zu können und wurde durch ähnlich klingende Wörter ersetzt. Ganz andere Töne bekommt man schließlich in Russland zu hören, wo man einem guten Freund »Weder Flaum noch Feder!« wünscht (*Hu nyxa uu nepa! – Ni púcha ni perá!*).

Inzwischen wird auf den Aberglauben meist gepfiffen und lieber das Glück augenzwinkernd auf die Schippe genommen. Seitdem andere Lebensbereiche nachzogen, »hoffen« Militärs auf den »Kopf- und Bauchschuss« und Seeleute beschwören selbst im Zeitalter der Containerschiffe noch immer den »Mast- und Schotbruch«. Ungleich komischer ist aber der Gruß unter italienischen Seemännern, die sich von Mast zu Mast »In den Arsch des Wals!« (*In culo alla balena!*) zurufen. Und auch geantwortet wird mit viel Humor: »Hoffentlich scheißt er nicht!« (*Speriamo che non caghi!*). Erinnert gewaltig an ¡*Mucha mierda!*, oder?

Italienische Streiks und römische Ferien

Wenn es darum geht, bei seinen Nachbarn einen Eindruck zu hinterlassen, haben Italiener einen entscheidenden Vorteil: Sie sind immer schon da gewesen. Fast jedenfalls. Oder wenigstens als Römer. Übrig geblieben sind allerdings nicht nur schmeichelhafte Hinterlassenschaften. Engländer bezeichnen beispielsweise ein blutrünstiges Spektakel als »römische Ferien« (*Roman holiday*), womit sie natürlich die legendären Gladiatorenspiele im Kolosseum meinen. Doch schon die in Frankreich bekannte Wendung, jemand sei so »gut wie die Römerin« (*être bon comme la romaine*), spielt nicht mehr auf die Antike an, sondern vielmehr auf kleine grüne Salatköpfe – den Römersalat. Der kam im 15. Jahrhundert nach Frankreich und war dort so beliebt, dass er bald in Vergleichen auftauchte, mit denen man sagen wollte, jemand sei so gut und nett – aber auch so leichtgläubig und schnell in der Klemme – wie das Blattgemüse lecker. Dummerweise hat lediglich die zweite Bedeutung überdauert.

Nicht viel besser ist die »römische Arbeit« (*travail de Romain*), die in Frankreich eine wahre Ochsentour ist, was verwundert, da doch Italiener für ihre gemütliche Arbeitsmoral so bekannt sind, dass in Polen der Dienst nach Vorschrift sogar »italienischer

Streik« (*strajk włoski*) heißt. Im Französischen zeugen auch die »italienische Wiederholung« (*répétition à l'italienne*) – die »trockene« Probe eines Theater- oder Musikstücks, die am Tisch und nicht auf der Bühne stattfindet – und der »italienische Raub« (*vol à l'italienne*) – der einen besonders hinterlistigen Überfall meint – von dem Glauben, Italiener hätten Besseres zu tun als zu arbeiten.

Dass die Deutschen sie »Spaghettis« nennen und die Franzosen sie mit *macaroni* betiteln, nehmen Italiener dagegen gelassen. Schließlich lassen sie selbst keine Beleidigung aus: So heißen Norditaliener im Süden *polentone*, was soviel wie »Maisbreifresser« bedeutet, und umgekehrt schimpft ein Mailänder einen Neapolitaner *terrone* – »Bauerntölpel«. Ansonsten lassen die Italiener auf ihr Land nichts kommen. »Italienisch sprechen« (*parlare italiano*) meint, wie es fast alle Europäer für ihre Sprache reklamieren, Klartext zu reden. Und wenn ein Turiner seine Freunde auffordert, es »römisch zu machen« (*fare alla romana*), meint er damit keinesfalls die in Frankreich unter »italienischem Vergnügen« (*plaisir à l'italienne*) bekannte Sodomie, sondern will, dass in der Kneipe die Zeche fair geteilt wird. Dass sie sich selbst mit Humor sehen, haben Italiener jedenfalls bewiesen, nicht zuletzt, weil der gefiederte Stelzenläufer bei ihnen »italienischer Ritter« heißt (*cavaliere d'Italia*).

Jemandem die vierzig singen

Wer nicht hören will, muss fühlen. Diese Redensart kennt jeder. Aber es gibt in Europa noch ganz andere Möglichkeiten, um ein Problem mehr oder weniger autoritär zu lösen. Was darf es denn sein? Sollte man, wie in Russland üblich, bei Fehlverhalten vom Sünder »einen Hobelspan abnehmen« (*снимать с кого-либо стружку – ßnimátj ß kowó-libo ßtrúshku*)? Müsste er auf Holländisch »einen Wisch aus der Pfanne kriegen« (*een veeg uit de pan krijgen*)? Oder genügt es, ihm »eine Abstaubung zu geben« (*dare una spolverata a qualcuno*), wie es Italiener tun würden?

Eigentlich ist es kaum zu glauben: Das Sammelsurium der Formen, jemandem die Ohren lang zu ziehen, macht fast den Eindruck einer Ganztageskinderbetreuung. Selbst wenn nicht alles, was so empfohlen wird, sich im Leistungsverzeichnis einer Tagesmutter wiederfinden wird. Kostprobe gefällig? Zuerst holt man sich den kleinen Racker – nennen wir ihn Frank – und »zieht ihn über die Kohlen« (*drag someone over the coals*), damit man ihn »auf dem Teppich hat« (*have someone on the carpet*), wie es in England gemacht wird, wenn man mit jemandem ein paar Takte reden möchte. Danach würden die Franzosen darauf bestehen, dem Bengel »die Flöhe zu schütteln« (*secouer les puces à quelqu'un*) – entstaubt haben ihn ja schon die Italiener – und »ihm eine Seife zu geben« (*passer un savon à quelqu'un*). Die ist allerdings eine heikle Sache und schwer zu fassen. Denn obwohl auch die Spanier der Meinung sind, dass jemandem »*eine* Seife zu geben« (*dar un jabón a alguien*) bedeutet, ihn zu tadeln, meint der nahezu identische Ausdruck »Seife geben« (*dar jabón a alguien*) etwas ganz anderes: nämlich, dem gerade noch Gescholtenen nun Honig ums Maul zu schmieren.

Übrigens finden auch Engländer, »weichseifen« (*soft-soap someone*) sei eher eine Sache der Bauchpinselei als ein brauchbares Erziehungsmittel, wie beispielsweise das »Auspressen« (*ream out someone*). Aber zurück zu Frank. Nachdem die Seife ist, wo sie hingehört, würde man dem Lausbuben in Russland »den Hals einseifen« (*намылить шею* – *namýlitj schéju*), damit er klarer sieht, bevor er dann noch »den Kopf gewaschen bekommt«, wie man in Italien (*lavare la testa a qualcuno*), aber auch in Polen (*besztać kogoś*) und natürlich bei uns zu sagen pflegt. Holländer waschen ihm, warum auch immer, lieber »die Ohren« (*iemand de oren wassen*), während ein Grieche Frank ganz unmissverständlich »in Beleidigungen duscht« (*λούζω κάποιον στο βρίσιμο* – *lúso kápion sto wrísimo*).

Auch wenn der Filius nach diesem Reinigungsprogramm eigentlich sauber und geläutert sein sollte, gibt es noch mehr auf den Deckel. Bevor ihm ein Norweger jedoch mahnend »den Hut passend« machen kann (*få så hatten passer*), wird ihm ein Spanier kompromisslos »die Wolle toupieren« (*cardarle la lana a alguien*). Was dann folgt, ist eine – mal mehr, mal weniger bibelfeste – Lehrstunde. Gerade in den katholischen Ländern ist Gottes Wort der Wanderstab auf dem Weg der Geläuterten. So wird Frank in Polen eine »Predigt gehalten« (*prawić komuś kazania*), ihm in Holland »seine Seligkeit gegeben« (*iemand zijn zaligheid geven*) und in Griechenland werden ihm sogar »Psalme gesungen« (*του τα ψέλνω* – *tu ta psélno*). Obwohl nicht minder gläubig, zieht man in Spanien andere Ausdrücke vor. Ziemlich unchristlich ist die Wendung »die vierzig singen« (*cantar las cuarenta a alguien*), die auf den laut anzusagenden Punktestand eines beliebten Kartenspiels zurückgeht, das gewonnen ist, sollte ein Spieler besagte »vierzig singen« können. Gleichfalls weltlich ist es, Frank auf Portugiesisch »den Schnellkurs zu geben« (*dar uma ensaboadela a alguém*), in dem ihm bestimmt auch die spanische »Fibel vorgelesen« wird (*leerle la cartilla a alguien*). Bevor nun der Dreikäsehoch aber denkt, in der Märchenstunde seien seine Streiche in Rauch aufgegangen, tritt die kernige englische Nanny auf den Plan, »wirft das Buch auf ihn« (*throw the book at someone*) und »sagt ihm, wo er aussteigen soll« (*tell someone where to get off*).

* *

Jemandem ein Ohr annähen → Jemandem ein Weidenseil zu essen geben

* *

Jemandem ein Weidenseil zu essen geben

Geschichten, die das Leben schreibt, sind oftmals langweilig und alltäglich, mitunter aber auch höchst unterhaltsam. So ungewöhnlich, dass sie manchmal gar nicht wahr sein können. »Hast du schon gehört, was Olli gestern passiert ist …«, raunt Petri seinem italienischen Freund Marco zu, der daraufhin seine Ohren aufsperrt und bereitwillig »das Weidenseil« verschlingt, das der Finne ihm »zu essen gibt« (*syöttää pajunköyttä*). Dass er dabei »faustgroße Dinge schluckt« (*tragarlas como puños*), wie es in Spanien heißt, wenn man sich einen Bären aufbinden lässt, wird er wohl erst von Olli erfahren. Es sei denn, der erkennt, wie gern sich Marco »zu trinken geben« (*darla a bere a qualcuno*) lässt, und tischt ihm ein paar noch buntere Lügenmärchen auf.

64

Häufig geben die Europäer dem Leichtgläubigen aber ein sagenhaftes Extra mit auf den Weg. Wo wir einen ganzen Bären aus der Tasche holen, finden Portugiesen es ausreichend, »jemandem einen Affen anzuheften« (*pregar um mono a alguém*) oder eine »Mütze überzuziehen« (*enfiar um barrete a alguém*). In Holland gibt es gleich mehrere Möglichkeiten, jemanden für dumm zu verkaufen. Oft dreht man dem Trottel, der sich sein Geld aus der Tasche ziehen lässt, »Schindeln« an (*iemand klaphout verkopen*). Wem das nicht gefällt, der kann ihm immer noch »ein Ohr annähen« (*iemand een oor aannaaien*) oder etwas »an den Ärmel heften« (*op de mouw spelden*). Was genau? Denken Sie sich etwas aus, er glaubt es bestimmt! Sollte Ihnen nichts einfallen, springt bestimmt auch Marco ein, der seine Lektion gelernt hat, und »macht ihm etwas in den Bart« (*farla in barba a qualcuno*), bis er denkt, er hätte einen.

Wem wiederum in England »Wolle über die Augen gezogen« wird (*pull wool over someone's eyes*), der dürfte ziemlich sicher auch in Wirklichkeit hinters Licht geführt worden sein. Ursprung dieser Wendung ist die Mode des 16. und 17. Jahrhunderts, die es mit sich brachte, dass man als Mann von Rang Wollperücken trug, die, wenn sie ihren angestammten Platz verließen, durchaus die Sicht auf die Welt versperrten. Dass sie überdies ihre Träger lächerlich aussehen ließen, finden nicht erst wir. Der dritte amerikanische Präsident Thomas Jefferson (1743–1826) ließ die Kopfmatten abschaffen und meinte dazu: »Um Gottes Willen, legt diese monströse Perücke ab, die die englischen Richter aussehen lässt wie Ratten, die durch einen Haufen Hanffasern linsen.« (*For Heaven's sake discard the monstrous wig which makes the English judges look like rats peeping through bunches of oakum.*) Eine ebenso ansehnliche Herkunft lässt sich für den nicht minder plastischen norwegischen Ausdruck »ein Blech auf jemanden schlagen« (*slå en plate i noen*) leider nicht finden.

Vergleichsweise beschaulich sind im Vergleich dazu die kleinen Ausflüge, zu denen sich leichtgläubige Europäer zuweilen hinreißen lassen. In Polen beispielsweise führt man Naivlinge gern »aufs Feld« (*wyprowadzić kogoś w pole*), während die gepflegten Briten da lieber »den Gartenpfad hinauf« weisen (*lead someone up the garden path*). In Frankreich wiederum bringt man den Gutgläubigen »ins Boot« (*mener quelqu'un en bateau*), das hoffentlich nie in Richtung Griechenland ablegt, weil es dort selbst von denen, die nur einer harmlosen Lügengeschichte aufsitzen, heißt, sie würden »versklavt« (δουλεύω κάποιον – *duléwo kápion*). In Spanien erzählt man einander gern hin und wieder »eine chinesische Geschichte« (*contar a alguien un cuento chino*), natürlich in der Hoffnung, dass sie nie überprüft werden kann. Fällt der andere darauf herein, hat man ihn tatsächlich dazu gebracht, »mit den Pfauenrädern übereinzustimmen« (*hacer comulgar a alguien con ruedas de molino*). Und wem es in Frankreich gelingt, einem anderen ein X für ein U vorzumachen, der hat ihm »eine Blase als Laterne« verkauft (*faire prendre à quelqu'un des vessies pour des lanternes*).

* *

Jemanden auf die Rosen furzen schicken → Den Hund waschen und ein Ei kochen

Kontrabass spielen

Musik ist ein kommunikatives Wunderelixier, der Traum vom gegenseitigen Verstehen jenseits banaler Worte. Glauben wir. Aber wenn ein Franzose seinem Gegenüber an den Kopf wirft: »Alles nur Lieder!« (*Chansons que tout cela!*), hält er dessen Gerede doch eher für sinnloses Gewäsch. Nichts anderes meint man in Spanien, wenn es heißt, jemand »spiele Kontrabass« (*tocar el violón*).

Hohle Phrasen, leeres Gerede und sinnfreies Palaver – so eintönig und nutzlos sie sein mögen, so farbig erscheinen sie in den Sprachen Europas. Wer in England »viel heiße Luft redet« (*talk a lot of hot air*), kann in Schweden nur »kaltes Gerede« (*kallprat*) von sich geben. Italiener wiederum machen sich über »gebackene Luft« (*aria fritta*) lustig, die »ins Vakuum gesprochen« (*parlare a vuoto*) wird. Nur in Holland, wo Wortgeklingel das »morsche Wort« (*het voze woord*) genannt wird, ist man – der auch deutschen – Meinung, einen Schwall Nichts von sich zu geben, gleiche dem »Stroh dreschen« (*stro dorsen*). Franzosen lieben es da schon etwas handfester, auch wenn »die Holzsprache zu sprechen« (*pratiquer la langue de bois*) ganz gewiss nicht gehaltvoller ist. Überhaupt kennt die Inhaltsleere gedankenlosen Palavers viele Aggregatzustände: In Russland sieht man Plauderer »Wasser im Mörser zerstoßen« (*толочь воду в ступе – tolótsch wódu w ßtúpe*) und andererseits »aus einem leeren Gefäß in ein anderes gießen« (*переливать из пустого в порожнее – pereliwátj is pußtówo w poróshneje*). Dafür würde man einem geschwätzigen Spanier vorwerfen, er »mache Füllwolle« (*meter borra*).

Eine besondere Beziehung zur Sinnfreiheit eines Schwatzes hat man offensichtlich in England, wo man solange »durch seinen Hut spricht« (*talk through one's hat*), bis man sich »blau im Gesicht« gefaselt hat (*talk until one is blue in the face*). Und nicht zuletzt kennt das Englische eine stattliche Anzahl an Wörtern, die alle dasselbe bezeichnen: Geschwätz, Klatsch und Phrasen. *Waffle, jabberwocky* und *gibberish* meinen jedoch nicht nur das leere Gerede, sie sind selbst die lautliche Nachahmung unablässig plätschernder Plauderei.

Korkenlutscher → Wenn die Kneipensäule den Ellenbogen hebt

Locken ringeln

Es gehört zu den unergründlichen Fähigkeiten der Frauen, dass sie bei jeder Gelegenheit und ohne je zu ermüden mit ihren Haaren spielen können. Nicht immer ist die haarige Selbstvergnügung aber auch für andere unterhaltsam. Sollten Sie etwa einer Spanierin begegnen, die ihre »Locke ringelt« (*rizar el rizo*), nehmen Sie sich in Acht! Denn sie gilt ihren Landsleuten als pedantisch. Vielleicht ist es der Anblick ja dennoch wert. Weniger ansehnlich ist dagegen sicher die anderswo praktizierte Form der »Haarspalterei«, denn in Frankreich schneidet ein Spitzfindiger »Haare in vier« (*couper les cheveux en quatre*). Genauso gründlich »spalten« Italiener (*spaccare il capello in quattro*) und Polen (*dzielenie włosa na czworo*) ihre Mähne.

Wenn man es indes ganz genau nimmt, verfügen die meisten Europäer noch über viel schönere Wendungen, um etwas »haarklein« auszuführen. Die Spanier zum Beispiel erzählen es »mit Haaren und Narben« (*con pelos y señales*), während die Franzosen mit Vorliebe »über das Geschlecht der Engel diskutieren« (*discuter du sexe des anges*). Diese haben zwar bekanntlich keines – schließlich heißt es von ihnen, dass »sie weder freien noch sich freien lassen« (Matthäus 22, 30) – aber das ist ja kein Grund, sich nicht 2000 Jahre lang darüber in den Haaren zu liegen. Auf jeden Fall handelt es sich dabei um eine astreine »byzantinische Diskussion« (*discusión bizantina*), wie in Spanien eine bodenlose Auseinandersetzung in liebevoller Erinnerung an die ausufernden Kirchendispute der spätantiken Intellektuellen genannt wird.

Sollte die Frage aber doch einmal geklärt sein, zetteln die französischen Wortklauber einfach einen Streit »über Kirschstiele« an (*se disputer pour des queues de cerise*). Das dauert sicher weitere 2000 Jahre. Wem Steinobst nicht zusagt, der könnte nach Madrid gehen. Dort debattieren nämlich zwei Wichtigtuer »grundlos, ob Windhund oder Jagdhund« (*discutir si son galgos o podencos*). Etwas philosophischer gehen wiederum die Griechen vor, wenn sie zum Nachbarn gehen, um »über den Schatten des Esels« zu streiten (περί όνου σκιάς – *perí ónu skiás*). Eine Frage, die man auf jeden Fall bis zum Abend geklärt haben sollte. Danach bleibt ihnen nur noch, »Saft aus einer Mücke zu pressen« (βγάζω από τη μύγα ξίγγι – *wgáso apó ti míga xíngi*).

Freilich sind die *Dippelschisser* (Schweiz), *I-Tüpferlreiter* (Österreich) und andere Erbsenzähler bei denen, die es eben nicht besser wissen, denkbar unbeliebt, was auch unsere Nachbarn sprachlich zu fassen verstehen. Für Holländer, die im »Korinthenkacker« den Geizhals sehen, ist der Kleinliche ein »Ameisenficker« (*mierenneuker*) und in Frankreich verkehrt er eher mit »Fliegen« (*enculeur de mouches*). Engländer wiederum nennen ihn einen »Nissensammler« (*nitpicker*), was sich in der entsprechenden tschechischen Wendung wiederfindet, »Nissen« oder »Flöhe zu suchen« (*hledat hnidy/blechy*). Wirklich zur Sache geht es auch in Italien. Wenn sich dort zwei mit der Leidenschaft fürs Detail finden, kommen nämlich endlich einmal die »Fragen der Ziegenwolle« (*fare questioni di lana caprina*) zur Sprache.

Mach nicht den Deutschen

Fritz, boche, crauti – das sind wir. Die Deutschen. Wenn Sie die Wahrheit darüber wissen wollen, was unsere Nachbarn »auf deutsch gesagt« – also offen und ehrlich – von uns denken, empfiehlt sich ein Blick darauf, wie sie über uns sprechen. Und wirklich schmeichelhaft ist das nicht. Schon unsere Spitznamen sind eine Ansammlung hartnäckiger Vorurteile. Als *choucroutmann, krauts* oder *crauti* kennt man uns der alemannischen Vorliebe für Sauerkraut wegen fast überall, während *Fritz* natürlich an Friedrich den Großen erinnert. Italiener nennen uns auch *crucco*, was wohl auf das serbokroatische Wort für Brot (*kruh*) zurückgeht, vor allem aber an das Verb »grämen« (*crucciare*) denken lässt und so eine eher traurige Gestalt entwirft. Die wörtliche Bezeichnung *tedeschi* (»Deutsche«)

ist dagegen für die Beleidigung der Norditaliener durch ihre südländischen Landsleute reserviert, was zumindest nur indirekt auf uns zurückfällt. Lange Tradition hat auch der französische Spitzname für ihre Intimfeinde: *boche*. Noch bis zum Deutsch-Französischen Krieg von 1870/71 hießen wir eher »Quadratköpfe« (*têtes carrées*), weil man uns für stur und begriffsstutzig hielt. Dass sich nach dem Krieg mit *boche* – der Kurzform von *caboche* (ugs. »Kopf oder Rübe«) – nur der Name änderte, haben wir wirklich erst viel später begriffen. Während des Zweiten Weltkriegs kam dann noch *chleu* hinzu, der Name eines Berbervolks, gegen das die französischen Besatzungstruppen in Marokko gekämpft hatten und das sie für besonders unzivilisiert hielten.

Natürlich ist nicht alles schlecht, was deutsch ist. So bewundern die Holländer die »deutsche Gründlichkeit« (*Duitse grondigheid*) und die Briten erinnern sich noch ehrfürchtig der »preußischen Effizienz« (*Prussian efficiency*). In Portugal heißt sogar alles, was »echt« ist, »germanisch« (*germano*). Finnen kennen überdies die Redewendung, »niemand ist so weise wie ein Ingenieur, außer ein deutscher Ingenieur« (*mikään ei ole niin viisas kuin insinööri, paitsi saksalainen insinööri*). Immerhin, ein Kompliment.

Weniger schmeichelhaft ist da schon die englische Wendung »ein guter Deutscher zu sein« (*be a good German*), die zu hören ist, wenn einer sich brav an die Regeln hält. Kurioserweise würden Griechen offensichtlich das genaue Gegenteil behaupten: »Mach nicht den Deutschen« (*Μην κάνεις τον Γερμανό! – Min kánis ton Jermanó!*), ruft ein Athener einem anderen zu und zeigt empört auf die Beule in seinem Auto – »Streit' nicht ab, dass du es warst«. Überhaupt gelten wir als ausgesprochen fähig, was Wortgefechte angeht, besonders die sinnfreien. In Frankreich heißt darum auch der Streit über des Kaisers Bart ein »deutscher Streit« (*querelle d'Allemand*). Und wo wir dabei sind: Für unfrei halten sie uns auch noch, denn wer »für den König von Preußen arbeitet« (*travailler pour le roi de Prusse*), schuftet ohne Lohn oder die Mühe war umsonst. Nicht vergeblich geblieben ist dafür die deutsche Bierleidenschaft. Sie hat uns nicht nur den Titel der Bierweltmeister eingebracht, sondern auch, dass wir in Italien das Maß aller Dinge sind, was das alkoholische Fassungsvermögen angeht. Wer seine Nase tief genug ins Glas steckt und alle unter den Tisch säuft, »trinkt wie ein Deutscher« (*bere come un tedesco*). Na dann Prost!

• •

Makakenäffchen auf den Kopf setzen → Den Wolf furzen hören

• •

Mit der Hand in der Pasta

Im großen europäischen Kochtopf wird kräftig gerührt. Köche gibt es reichlich, manchmal mehr als gut ist. Und so kocht jeder unserer Nachbarn sein eigenes Süppchen, und zwar verräterisch symbolisch. Wie sonst ist zu verstehen, dass derjenige, der heimlichen Einfluss ausübt, in Italien »seine Hand in der Pasta« (*avere le mani in pasta*), in England jedoch seinen »Finger in der Pastete«

hat (*have a finger in the pie*)? Was sagt es uns über die Holländer, dass der Heimlichtuer bei ihnen seinen »Finger in den Brei« steckt (*een vinger in de pap hebben*)? Und weil Europa eben keine Einheitspampe liefert, »geht« man in Spanien »in den Knoblauch« (*andar en el ajo*), sollte man irgendwo als stiller Teilhaber mitmischen.

Aber nicht überall wird nur gekocht. Den Russen beispielsweise ist die Küche nicht groß genug, es gibt schließlich so viel im Leben, »an das man seine Hand legen« könnte (*приложить руку – priloshítj rúku*). Eher nass geht es in Frankreich zu, wo man gleich ganz »in die Sache einweicht« (*tremper dans une affaire*). In Griechenland hingegen »tut man seine Hand rein« (*βάζω το χέρι μου – wáso to chéri mu*), und auch Polen, die ihre »Finger in etwas stecken« (*maczać w czymś palce*), bevorzugen ehrliche Handarbeit im nicht ganz offenen Geschäft.

Erstaunlicherweise würde gerade ein Portugiese wie die Deutschen sein Glück am grünen Tisch suchen und seine »Hand im Spiel« (*ter mão no jogo*) haben. Da nicht überall gleichermaßen Fairplay angesagt ist, ist es ratsam, sein Gegenüber gut zu kennen, bevor man sich auf eine Partie einlässt. Es mag noch angehen, dass der heimliche Einmischer in Italien »das Pfötchen macht« (*mettere lo zampino*), wir sind ja vom siebengeißligen Wolf und seiner mit Tafelkreide geweißten Pranke gewarnt. Aber wehe, Beelzebub mischt mit. Denn »wenn der Teufel seinen Schwanz gemacht hat« (*qui il diavolo ci ha messo la coda*), zieht er gewiss ein paar Fäden, ohne seine Hände von den Karten zu nehmen.

Mit verdrehten Höschen in die Flasche kriechen

Wer glaubt, Wut sei bloß ein Zustand blinder Raserei, roher Emotion und grobschlächtiger Brüllerei, sollte sich einmal in Europa umsehen, zu welchen Höchstleistungen und phantasievollen Tätigkeiten so ein bisschen Weißglut die Menschen doch bringen kann.

Wo immer wir sind und was wir auch tun, es wird, wenn wir rot sehen, augenblicklich gleichgültig. Einmal in Harnisch geraten, hält uns nichts mehr. Spanier »rasen aus dem Häuschen« (*salirse de sus casillas*) und steht ein Holländer erst einmal »auf tilt« (*op tilt staan*), flippt er so richtig aus und »schießt aus seinem Pantoffel« (*uit zijn slof schieten*). Sein gemütliches Dasein hinter den Deichen kann er eben auch als Furie nicht verbergen. Gleich daneben springen fuchsteufelswild die Italiener »aus den Türangeln« (*uscire dai gangheri*) und veranstalten, wenn sie »den Teufel in vier teilen« (*fare il diavolo in quattro*), einen Höllenlärm.

Wohin die Raserei führt? Nach oben zum Beispiel. In Finnland wird ohne Umweg einfach »die Wände hochgesprungen« (*hyppiä seinille*). Engländer sind da schon praktischer veranlagt. Was sie erregt und »vom Griff fliegen« lässt (*fly off the handle*), »fährt sie die Wand hoch« (*drive someone up the wall*). Wo sie dann, knapp über Augenhöhe, an den niederländischen Pantoffelhelden vorbeikommen, die es »auf die Stange« oder »den Schrank gejagt« hat (*op de kast/op stang jagen*). Weit mehr Auslauf brauchen offensichtlich die Spanier, denn sie »steigen den Weinstock« hinauf (*subirse a la parra*) und manchmal sogar bis »auf den Kirchturm« (*subirse al campanario*). Übertroffen werden sie da allerdings in Portugal, wo einer, der bei uns »nur« an die Decke springt, gleich »durch die Wolken geht« (*ir pelas nuvens*), um seinen Zorn verrauchen zu lassen. Aber nicht alle wollen derart hoch hinaus, wenn sie auf 180 sind. Russen zum Beispiel »kriechen« mit ihrem dicken Hals »in die Flasche« (*лесть в бутылку – lestj w butýlku*) und ein Norweger »fliegt in den Feuerstein« (*fly i flint*).

Aber wie wütend sind wir eigentlich, wenn wir auf die Palme gebracht werden oder – auf Englisch gesagt – »unsere Höschen verdreht bekommen« (*get one's knickers in a twist*)? Am liebsten tierisch. Meint ein Brite, er hätte »jemandes Ziege bekommen« (*get someone's goat*), hat er dessen Blut in Wallung gebracht und ihn »Bolzen gefahren« (*drive someone nuts*). Besonders Franzosen haben augenscheinlich viel Freude am in die Luft gehen, das sie »Milchsuppe sein« (*être soupe au lait*) nennen. Vor allem, wenn es ein anderer ist, dem »der Senf in der Nase hochkommt« (*la moutarde monte au nez de quelqu'un*). Sie setzen dann eine Unschuldsmiene auf und fragen ehrlich verwundert: »Welche Fliege hat ihn denn gebissen?« (*Quelle mouche l'a piqué?*) Und natürlich haben sie den armen Kerl selbst aufgewiegelt und »in einen Esel verwandelt« (*faire tourner quelqu'un en bourrique*).

Ist ein Portugiese erst einmal stinksauer – also »wasserscheu« (*hidrofóbico*) oder »wie eine Schlange« (*estar com uma bicha*) –, dann kriegt er einen Koller und »geht auf den Draht« (*ir aos arames*). In Finnland wiederum »verbrennt man sich die Ärmel« (*polttaa hihansa*), wenn man so »wütend wie eine Wespe« (*vihainen kuin ampiainen*) ist. Über einen beachtlichen cholerischen Zoo verfügt auch ein Spanier. Sollte man ihn reizen und »den Hahn auf ihn heben« (*levantarle a uno el gallo*), hat er im Nu »eine Fliege im Ohr« (*estar con la mosca en la oreja*) und braust auf wie »ein

Basilisk« (*estar hecho un basilisco*). Im krassen Gegensatz zu einer solchen animalischen Vielfalt begnügt man sich in Italien bei Wutausbrüchen damit, »ins Tier zu gehen« (*andare in bestia*), während die Griechen ganz und gar untierisch explodieren und lieber die jahrhundertelang gepflegte Feindschaft zu ihren Nachbarn herauslassen: Tickt auf Griechisch einer hemmungslos aus, heißt es einfach, er »wird zum Türken« (γίνομαι Τούρκος – *jínome Túrkos*).

Nackt wie ein Rotkehlchen

Erstaunlicherweise schöpft man in Großbritannien, dem Mutterland des Puritanismus, bei der Beschreibung menschlicher Nacktheit aus einem auffällig großen Fundus an Ausdrücken: *bare* (blank), *in the buff* (im Adamskostüm), *nude* (nackt), *stripped* (geschält), *uncoated* (unbeschichtet), *undraped* (unbehangen), *stark naked* (kahl nackt) oder – man war schließlich einmal näher am französischen Festland, als man es heute gern zugibt – *au naturel,* um nur einige zu nennen.

Eine ebenso große Bildlichkeit wie das deutsche »splitterfasernackt« besitzen aber wohl zwei andere Ausdrücke: Man ist – nackt – entweder »im Ganzen« (*be in the altogether*) oder »nackt wie ein Rotkehlchen« (*be naked as a robin*). In ersterem scheint sich ein Stück britischer Humor verirrt zu haben. *Altogether* ist eine im 17. Jahrhundert entstandene Form des simplen *all* und betont den gesamtheitlichen Charakter des Benannten – im Unterschied zur Vielheit, die sich ja auch in *all* versammeln kann. Gegen Ende des

19. Jahrhunderts avancierte dann *the altogehter* zum Sinnbild von Nacktheit. Das Ganze ist schließlich mehr als die Summe seiner Teile.

Naked as a robin, oder auch *naked as a jaybird*, offenbart schließlich, dass es eine Zeit vor hochgeschlossenen Kragen und britischer Steifheit gegeben haben muss und Nacktheit durch und durch natürlich ist. *Robin* und *jaybird* – Rotkehlchen und Eichelhäher. Was macht ausgerechnet diese beiden Federträger zum Sinnbild des (menschlichen) Nackten? Nun, dass sie tatsächlich nackt sind. Anfangs jedenfalls. Zum Eichelhäher etwa kann man lesen: »Die Jungen kommen nackt, rosahäutig und blind auf die Welt« und gelten »als typische Nesthocker«. Dem Rotkehlchen geht es da nicht anders. Erst nach einigen Tagen bedeckt sich die Blöße mit dem farbigen Federkleid. Ironie des Schicksals: Die in der Redewendung unfreiwillig verbandelten Vogelarten sind alles andere als Freunde. Junge Rotkehlchen werden nicht selten von ausgewachsenen Eichelhähern erlegt.

Doch zurück zur Nacktheit. Während der Vergleich *naked as a robin* wohl schon Mitte des 19. Jahrhunderts gebraucht wurde, kam der Vergleich zum *jaybird* erst im Laufe des Zweiten Weltkriegs auf – und setzte sich durch. So fand er nicht nur Eingang in ein Lied der amerikanischen Band namens »Ugly Americans«, in dem es heißt: »... es wird einsam/ wenn du mitten in der Nacht in deinem Hotelzimmer sitzt, nackt wie ein Eichelhäher/unten in Orlando mitten in der Nacht«. Besser noch: Er wurde zugleich zum Sinnbild der amerikanischen Nudistenbewegung der 1960er Jahre. Zahlreiche »Fachzeitschriften« der Szene, die als Vorläufer des Playboy gelten dürfen, trugen ihn in ihrem Namen – *Jaybird Journal*, *Metropolitan Jaybird*, oder auch *Woman's Home Jaybird*.

77

Auch in anderen Sprachen ist der Vergleich zu Mutter Natur angesagt, wenn es um nackte Haut geht. In Frankreich sagt man *nu comme un ver*, in Italien *nudo come un verme*, beide Male ist der oder die Bezeichnete sprichwörtlich »nackt wie ein Wurm«. Franzosen sind jedoch auch nicht um ein wenig Direktheit verlegen. Man kann schließlich auch anders: »Arschnackt« (*être cul nu*) darf sagen, wer den Ausflug ins Tierreich scheut. Natürlich stehen zusätzlich anständige Varianten zur Verfügung. In den südeuropäischen Ländern, wo man seit jeher keine Lobhudelei der eigenen – aber auch keine Beleidigung eines Verhassten – Mutter auslässt, ist man schlicht so nackt, wie »Mama uns gemacht hat« (frz.: *être comme l'avait sa mère*; ital.: *essere come mamma l'ha fatto*). In das gleiche Horn stoßen die Niederländer – auch bei ihnen ist man »mutternackt« (*moedernaakt zijn*), wobei frechen Zungen noch das Wort »pimmelnackt« (*piemelnaakt zijn*) zur Verfügung steht.

In Spanien dagegen schaut man weiter nach oben; selbst in der Blöße wird nicht vergessen, dass man so ist, »wie Gott einen in die Welt gesetzt hat« (*estar como Dios lo trajo al mundo*). Doch das Spanische wäre nicht spanisch, gäbe es nicht einen weniger gottesfürchtigen Weg, sich der Nacktheit anzunehmen. Ein Nackter ist »in Bällen« (*estar en pelotas*) – was wohl nur auf die (männliche) Hälfte zutrifft – oder aber *en cueros* – »in Haut«, wobei *cueros* eigentlich ebenso »Leder« bedeutet. Leder wie in: Stier. Ob zu weit denkt, wer hier die spanische Seele erkennen will? Hingegen, auch in Portugal ist man nackt, wenn man »im Leder« (*estar em couro*) steckt. Doch wie um sicher zu gehen, dass vom menschlichen Kostüm die Rede ist, sagen Portugiesen auch gern, man sei *em pêlo* – »in der Behaarung« oder »im Flaum«. Ein bisschen wie ein Rotkehlchen.

Neben dem Butterteller

Italiener sind wahrhaft gläubige Menschen. Sie vertrauen auf die Einzigartigkeit von Pasta und Pizza, die Anbetungswürdigkeit der Familie – allen voran *Mamma* –, die Wirksamkeit von ein bisschen Korruption und ein klein wenig glauben sie auch an Gott und am liebsten an die Heilige Maria. Keine Illusionen haben sie hingegen über ihre religiösen Oberhäupter. 306 Päpste hat es bislang gegeben, die meisten davon in Rom, und mit ihrer Bescheidenheit, da sind sich die Italiener sicher, war es nie weit her. Nicht umsonst sagen sie von einem, der es sich richtig gut gehen lässt, er »lebe wie ein Papst« (*vivere come un papa*).

Und damit sind sie nicht allein. Für einen Spanier liegen die Sonnenseiten des Lebens gleichfalls im Kirchhof. Wer »lebt wie ein Priester« (*vivir como un cura*), hat sich wohlig eingenistet wie die deutsche »Made im Speck«. Dass ausgerechnet in den katholischen Mittelmeerländern so beißender Spott auf die bußfertigen Gottesmänner herabregnet, kommt nicht von ungefähr. Im Laufe der Jahrhunderte haben die Erfahrungen käuflicher Absolution, erzwungener Abgaben an einen gierigen Klerus und die glühenden Eisen der Inquisition ihre Spuren hinterlassen.

Anderswo fühlt man sich eher ins Schlaraffenland versetzt, wenn von der irdischen Paradiesloge die Rede ist. In Russland »wälzt man sich wie die Käse in der Butter« (*катáться как сыр в масле – katátzja kak syr w máßle*), sollte es an nichts mangeln, oder man hört jemanden schnalzen, es »fehlt nur noch die Vogelmilch« (*птичьего молока не хватáет – ptítschjewo moloká ne chwatájet*). Polen hingegen »leben wie der Pfannkuchen in der Butter« (*żyć jak*

79

pączek w maśle) und ein Norweger fühlt sich, von allen Sorgen befreit, »wie das Gelbe im Ei« (*ha det som plommen i egget*). Wer sich in Frankreich keine Gedanken um sein Auskommen machen muss, sitzt »neben dem Butterteller« (*être près de l'assiette au beurre*) und kann behaglich »in Seide furzen« (*péter dans la soie*).

Daneben verfügen die Franzosen aber auch über einen Ausdruck, der uns daran zu erinnern scheint, dass alles Glück vergänglich ist: Eigentlich hat sprichwörtlich ausgesorgt, wer »lebt wie der Hahn im Teig« (*vivre comme un coq en pâte*). Das Problem daran ist: Der *coq en pâte* ist gekocht und auf direktem Weg in sein Schicksal, Hauptbestandteil der berühmten französischen *pâté* – einer Pastete – zu werden. Da lohnt es sich doch, eher ein holländisches »Lauseleben zu führen« (*een luizenleven leiden*), das vielleicht nicht auf derart großem Fuß wandelt, aber auch gewiss nicht mit solch unrühmlichem Ende lockt.

Dass das irdische Glück manchmal unerklärlich bleibt, wollten wohl die Griechen unbedingt verstanden wissen, als sie die Wendung schmiedeten, ein gutes Leben sei wie »Leben und Huhn verbringen« (περνώ ζωή και κότα – *pernó soí ke kóta*). Wirklich zu verstehen ist der Ausdruck nicht, aber als Geburtshelfer der Philosophie dürfen Hellenen der Welt ja jeden Satz getrost als Weisheit andrehen.

Etwas unmissverständlicher drückt man sich dagegen auf der britischen Insel aus, wenn es heißt, jemand »lebe das Fett von der Erde weg« (*live off the fat of the land*). Dem kann man zur Veranschaulichung getrost noch eine spanische Wendung zur Seite stellen, die besagt, dass ein Sorgenloser »in seiner ganzen Breite lebt« (*vivir a sus anchas*). Am liebsten spricht man auf Englisch aber davon, dass einer, dem es an nichts fehlt, »das Leben von Riley lebt« (*live the life of Riley*). Seit 1911 ein amerikanischer Schreiberling meinte, einer

Kuh, die sich jahrelang erfolgreich vor dem Schlachthof gedrückt hatte, sei so gut wie *Riley* ergangen, ist dieser aus dem englischen »Madenleben« nicht mehr wegzudenken. Daran, dass eigentlich keiner so richtig weiß, was für ein Leben *Riley* – der vermutlich für die irischen Einwanderer steht, die nach Amerika gingen, um ihr Glück zu suchen – geführt hat, stört sich dabei niemanden. Am schönsten ist das Paradies ja ohnehin, seit wir es verlassen haben.

• •

Nicht den Fluch eines Kesselflickers wert → Von Maravedis und leeren Eiern

• •

Radicchio schubsen

Kommt der Tag der Tage, der letzte, schließen wir die Augen, »gehen sechs Fuß unter« (*be six feet under*) und der Drops ist gelutscht. Amen. Licht aus, Akte geschlossen. Aber Tod ist mehr, Sterben ist harte Arbeit und die Sprache vom Ableben voll Phantasie. Denn wenigstens darüber reden müssen wir doch. Was wir auch tun – allein das Englische kennt mehr als 350 Wendungen für das Sterben. Und so kommt im Angesicht des Todes einiges zu Tage, das zu erledigen bleibt, bevor man auf der Wolke sitzen und mit den Beinen baumeln kann.

Erste Bürgerpflicht beim Draufgehen: Angelegenheiten ordnen. In Holland bedeutet Dahinscheiden vor allem anderen, »die Plombe hinzulegen« (*het loodje leggen*) und »die Pfeife an Maarten zu geben« (*de pijp aan Maarten geven*). Der Glückspilz hat sicher eine beachtliche Sammlung. Französische Exemplare sind jedoch gewiss nicht darunter, denn dort »zerbricht man seine Pfeife« (*casser sa pipe*), bevor es himmelwärts geht. Nicht vergessen sollte man auch, »seinen Billard abzuschrauben« (*dévisser son billard*) und »seinen Fallschirm zu schließen« (*fermer son parapluie*). Und wer hat, »schluckt seinen Priem«, alle anderen – »ihre Geburtsurkunde« (*avaler sa chique/son acte de naissance*). In Spanien genügt es, wenn man »die Serviette faltet« (*doblar la servilleta*), wohingegen Italiener gleich aufs Ganze gehen und »die Seele an Gott zurückgeben« (*rendere l'anima a Dio*). Am Löffelabgabeschalter treffen sich, wie es scheint, allein die Deutschen wieder.

Keinesfalls vergessen sind die Verdienstvollen im Volk – die Soldaten. Tschechische Helden wollen von ihrer Profession auch im Jenseits nicht lassen, weshalb sie »zur großen Armee gehen« (*odejíti k velke armade*). Eine derart große Anhänglichkeit zum Kriegsgerät ist Spaniern hingegen fremd. Sie »hängen den Säbel ab« (*colgar el sable*), endgültig. Längst nicht so eindeutig ist der französische Ausdruck »die Waffe auf die linke Schulter wechseln« (*passer l'arme à gauche*). Er geht zurück auf die Zeit der Vorderladergewehre, als Füsiliere ihre Waffe in die linke Hand nehmen mussten, um mit der rechten Kugeln und Pulver nachzufüllen. Mitten im Gefecht bedeutete das nicht selten den Tod. Gewissermaßen in Anlehnung an diesen verhängnisvollen Seitenwechsel hielten dann bei Soldatenbegräbnissen die Kameraden ihre Gewehre in der linken Hand, mit dem Lauf nach unten.

All jene, die ihr irdisches Glück eher mit klingender Münze gemacht haben, würden natürlich viel lieber einiges davon mit über den Jordan schmuggeln. Sprachlich hat sich das vor allem im englischen Raum niedergeschlagen. So manch einer, der das Zeitliche segnet, »kauft die Farm« (*buy the farm*) oder nur »sein Mittagessen« (*buy one's lunch*). Wahrscheinlicher ist aber, dass er »seine Chips abgibt« (*hand in one's chips*). Der Fährmann des Kahns zum jenseitigen Ufer ist unerbittlich – kein Gepäck bei der Überfahrt.

Der friedliche Abgang ist indes nicht jedermanns Sache. Aber auch für jene, die noch beim Klingeln an der Himmelspforte sich beschweren wollen, dass sie nicht mit dem Essen fertig waren, halten unsere europäischen Nachbarn passende Ausdrücke bereit. *Mordere la polvere*, sagen die Italiener, *morder a poeira* die Portugiesen – das schon in der Antike gebräuchliche »in den Staub beißen« kennt man beinahe überall. Dass Deutsche »ins Gras beißen« ist da schon die Ausnahme und augenscheinlich ein Luxusproblem. Ansonsten wird allerorten protestierend getreten, geschlagen oder geworfen. Engländer etwa lassen »ihre Holzschuhe platzen« (*pop one's clogs*) oder »treten den Eimer« (*kick the bucket*) auf dem Weg nach draußen. In Portugal schlägt man lieber – und zwar »die Stiefel« (*bater as botas*). Wirklich sauer auf den Sensenmann ist man offensichtlich in Helsinki, denn ein Finne auf dem Sterbebett schmeißt alles von sich – »die Schrauben an die Wand«, »den Fünfer in die Ecke« und »die Seele« einfach weg (*heittää mutterit seinälle/heittää femma nurkkaan/heittää henkensä*).

Ist alles Hab und Gut verteilt, bleiben noch immer der Körper und seine Teile, derer man sich entledigen muss. Wenn Briten zum Beispiel »einen hölzernen Anzug bekommen« (*get a wooden suit*), haben sie längst »ihren Arsch auf der Linie« (*have one's ass on the line*). Andere »gehen Bauch hoch« (*go belly up*) oder »drehen ihre Zehen hoch« (*turn up one's toes*). Wie man sich bettet, so liegt man schließlich auch ein Weilchen. In Italien macht man wie erwähnt keine halben Sachen: Der Tote »zieht das Fell« (*tirare le cuoia*), ehe er ins Grab steigt. Spanier ziehen es indes vor, »das Pfötchen auszustrecken« (*estirar la pata*) – wo sie sich übrigens mit den Polen treffen (*wyciągnąć nogi*) – oder ihren »Schnabel einzuschlagen« (*hincar el pico*). Zur eher gemütlichen Sorte gehören die Tschechen. Nehmen sie die Hufe hoch, »strecken sie ihre Hausschuhe« (*natáhnout bačkory*) und »stecken ihren Kopf in den Sarg« (*strčit hlavu do rakve*). Unerwartet ordinär geht es wiederum in Frankreich zu, wo man »seinen Hinterausgang schließt« (*fermer son derrière*). Weniger verwundert die mangelnde Begeisterung beim letzten Urnengang bei den als unflätig bekannten Nordmännern. Kratzt ein Finne ab, »wirft er die Knochen in die Schüssel« (*heittää luut kuppiin*) und »lässt einen kalten Furz« (*päästää kylmä pieru*) ehe er »in den Verein der Gradbeinigen übergeht« (*siirtyä suorasääristen yhdistykseen*). Ganz sicher auch eine Art, seine Angelegenheiten zu regeln.

In weniger räumlichen Dimensionen scheinen Polen zu denken, wenn sie meinen, dass es Zeit ist, »in den Kalender zu treten« (*kopnąć w kalendarz*). Auch in Griechenland spielt im Ausdruck »uns Zeiten hinterlassen« (μας άφησε χρόνους – *mas áfisse chrónus*) das Körperliche ganz bestimmt keine Rolle mehr.

Und wohin gehen, wenn man tot ist wie ein englischer »Türnagel« (be *dead as a doornail*) oder ein dänischer »Hering« (*være død som en sild*)? Klar, so richtig weiß das keiner, aber Vorstellungen machen sich trotzdem alle davon. Franzosen zieht es »ins Land der Maulwürfe« (*aller au pays des taupes*), Spanier müssen nur »ins andere Viertel« (*irse al otro barrio*). Und während Engländer »die goldene Treppe erklimmen« (*climb the golden staircase*), »um nach Westen zu gehen« (*go west*), machen die Finnen – ein weiteres Mal – ihrer Enttäuschung Luft und »wechseln das Bistum« (*vaihtaa hiippakuntaa*).

Kein Mangel besteht offensichtlich an sinnvoller Tätigkeit im göttlichen Reich. Dabei ist das postmortale Tun – zumindest sprachlich – überaus irdisch, oder besser: pflanzlich. Franzosen machen sich nämlich sofort nach ihrem Dahinscheiden daran, »die Wurzeln vom Löwenzahn zu essen« (*manger les pissenlits par la racine*), und Engländer »drücken Gänseblümchen hoch« (*push up daisies*). In Portugal geht man »zu den Malven« (*ir às malvas*), die schon im 2. Buch der Könige des Alten Testaments als Zeichen des Todes verschrien waren. Und Italiener lassen sich ihren Humor auch vom Tod nicht nehmen. Sollten sie »Dünger machen gehen« (*andare a far concime*), machen sie sich einfach nützlich – und zwar »den Kohl fetter« (*andare a ingrassare i cavoli*) – oder amüsieren sich beim »Radicchio schubsen« (*andare a spingere il radicchio*).

• •

Regnen wie eine Kuh, die pisst → Wenn es Pfeifenstiele regnet

Saft aus einer Mücke pressen → Locken ringeln

Sankt Glinglin, wenn der Krebs auf dem Berg pfeift

Irgendwann kommt er, der Tag des Jüngsten Gerichts – *doomsday* heißt er in England –, und es wird der letzte Tag sein. Das glauben zumindest die guten Christen. Aber bis es soweit ist, haben auch sie zahllose Namen für jene Tage, die ganz bestimmt niemals kommen. Und da Briten so stolz auf ihren schwarzen Humor sind, liegen bei ihnen alle davon »auf dieser Seite vom Jüngsten Gericht« (*this side of doomsday*). Im Gegensatz zu jedem anderen Datum des hundert-jährigen Kalenders kann man auf diese jeden Eid schwören, den man nicht gewillt ist zu erfüllen.

Verlobt und keine Lust auf den Altar? Kein Problem, versprechen Sie Ihrem Liebsten, Sie heiraten »an Sankt-Juttemis« (*met Sint-Juttemis*), dem Tag eines imaginären holländischen Heiligen. Ein Besuch bei Onkel Erwin ist fällig? Sicher, wir kommen im »Monat der Sonntage« (engl.: *in a month of Sundays*) oder in der »Woche der vier Donnerstage« (franz.: *à la semaine des quatre jeudis*). Stell schon mal den Kaffee warm!

Was Deutsche auf den »Sankt Nimmerleinstag« verschieben, lagern Franzosen nach »Sankt Glinglin« aus (*à la saint-Glinglin*), erledigen Portugiesen am »Sankt Niemals Nachmittag« (*no dia de são Nunca à tarde*) und heben sich Griechen – unerwartet vulgär – für »die Feier des Heiligen Schwanzes« auf (*τον Αγίου Πούτσου* – *tu Ajíu Pútsu*). Und bis dahin, soviel ist sicher, kann noch viel passie-ren. Beispielsweise könnten der Karfreitag, den die Briten – Ach-tung, Humor im Angesicht des gekreuzigten Gottessohns! – *Good Friday* nennen, »auf einen Donnerstag« (*when Good Friday falls on a Thursday*) oder »Pfingsten und Ostern auf einen Tag fallen«, wie man in Holland zu sagen pflegt (*als Pasen en Pinksteren op één dag vallen*). Das deutsche Kulturgut verspricht uns außerdem die beiden ins Ewige verschobenen imaginären christlichen Feiertage »Teufels Himmelfahrt« und den »Tag der Päpstin Johanna«. Nun ist der katholische Männerverein im Vatikan zwar noch ein ganzes Stück konservativer als gegenwärtige Staatsdemokratien, aber ein schwarzer Präsident in den USA und eine Frau im Bundeskanzleramt sollten uns lehren, niemals »nie« zu sagen.

Dafür, dass tatsächlich nicht jede dieser Wendungen ihr Versprechen einzuhalten vermag, keinesfalls Wirklichkeit zu werden, steht die Rede vom Tag, »an dem die Schweine fliegen können« (*when pigs can fly*). Denn sie können. Am 4. November 1909, keine sechs Jahre nach dem ersten Flug der Gebrüder Wright, band der Flugpionier John Theodore Cuthbert Moore-Brabazon einen Papierkorb an sein Flugzeug, in dem ein kleines Schwein saß, und absolvierte damit den wohl ersten Transportflug der Luftfahrt. Ganz nebenbei bewies er so zugleich, dass Schweine fliegen können. In Finnland wartet man dagegen immer noch darauf, dass »Kühe fliegen« können (*sitten kun lehmät lentävät*) und Italiener verschieben ihre Steuererklärung gern auf den Tag, an dem »Esel fliegen« (*quando gli asini voleranno*). Beides ist gewiss längst geschehen, wenn auch weniger spektakulär als beim ersten Ferkelflug. Den Redewendungen hat die Spitzfindigkeit des Barons Moore-Brabazon indes nicht geschadet. Schließlich sieht man Schweine, Esel oder Kühe doch eher selten durch die Lüfte gleiten.

Anderswo wählte man die Vergleiche gleich etwas ausgefallener: Spanier sagen gern, wenn sie denken, dass etwas nie passiert, es käme erst, »wenn den Fröschen Haare wachsen« (*cuando las ranas crien*

87

pelos), und nebenan in Frankreich glaubt man eine irre Geschichte erst, »wenn die Hühner Zähne kriegen« (*quand les poules auront des dents*). Wenn »niemals« wirklich einmal kommt, dürfte es allerdings in Russland am schönsten sein, denn das ist dort der Moment, »wenn der Krebs auf dem Berg pfeift« (*когда рак на горе свистнет – kogdá rak na garé ßwíßnet*). In Portugal sagte man früher gern, etwas sei erst wahr, »wenn Schlangen rauchen« (*quando a cobra fumar*). Dieser Redewedung versetzte der brasilianische Präsident Getúlio Vargas zu Beginn des Zweiten Weltkriegs den Todesstoß, als er erklärte, sein Land werde zu diesem Termin in den Krieg gegen Hitler eintreten. Als er dann 1942 – anders als erwartet – tatsächlich Deutschland den Krieg erklärte, nahmen ihn die brasilianischen Truppen beim Wort, wählten sich eine rauchende Schlange als Symbol und nannten sich fortan »Rauchende Cobras« (*Cobras Fumantes*). Die Redewendung aber, nun kaum noch glaubwürdig, kam außer Mode.

Ganz auf Nummer sicher geht man wiederum in Tschechien, wo man noch immer wartet, »bis es regnet und trocknet« (*až naprší a uschne*). Ein echtes Rätsel ist schließlich der italienische Ausdruck, »etwas auf die griechischen Kalenden verschieben« (*rimandare qualcosa alle calende greche*). Etwa um das Jahr 0 erlaubte sich der römische Kaiser Augustus damit nämlich einen Scherz, den zu verstehen heute Altphilologen vorbehalten bleibt: Besagte Kalenden waren im römischen Kalender übliche Zahltage, die es im griechischen Kalender hingegen nicht gab. Was auch immer an ihnen fällig war, konnte man also gleich abschreiben.

Wer sich nur auf »irgendwann« verschiebt und eine Prise feine Ironie mag, sollte sich Holländisch für »morgen, beim Kaffee« (*morgen, bij de koffie*) oder Russisch für den »Donnerstag nach dem

Regen« (*после дождика в четверг – póßle dóshditschka w tschetwérg*)
verabreden – und vor allem darauf achten, dass man für das nächste
Kaffeestündchen nicht zu viel verspricht.

Schlösser in Spanien

Die gefürchtete Armada der einst größten Seefahrernation Spanien,
die früher so ziemlich jeden Tümpel kontrollierte, hat im europäischen Sprachschatz nur wenig Spuren hinterlassen. Allein eine
holländische Großmutter pflegt besorgt zu ihrem schmächtigen
Enkel zu sagen, er »sei so fett wie ein spanischer Anker« (*zo vet als
een Spaans anker zijn*). Wäre er nach Italien gereist und hätte dort
regelmäßig jenen süßen Sandkuchen namens »spanisches Brot«
verzehrt (*pan di Spagna*), wäre das wohl nicht passiert.

Und natürlich ergeht es den Spaniern nicht anders als dem Rest
der Europäer: Ihre Nachbarn ziehen über sie her, wo sie können.
In Frankreich werden die Iberer *espingouins* genannt, was eine
scherzhafte Mischung von »Spanien« (*espagne*) und »Pinguin«
(*pingouin*) ist, während das »Spanische« (*espagnole*) einen Floh
bezeichnet. Apropos: Die Hoffnung, als die feurigsten Liebhaber
des Kontinents zu gelten, hat sich – zumindest in den Redewendungen – nicht niedergeschlagen. Zwar gilt die Spanische Fliege
als eines der beliebtesten Aphrodisika, auf den Ruf der Spanier
hat sich das aber kaum übertragen. Viel eher hört man angesichts
eines achtbaren Chaos in Holland den Ausruf: »Das ist ja wie ein
spanisches Bordell!« (*Het is daar een Spaans bordeel!*) In eine ähn-

liche Richtung geht der französische Begriff von der »spanischen Herberge« (*auberge espagnole*), die eine Unterkunft beschreibt, in der jeder kommt und geht, wann er will, und sowieso tut und lässt, was ihm passt. Die Bewohner eines solchen Etablissements müssen jedenfalls öfter als andere mit einer »spanischen Durchsuchung« (*perquisition espagnole*) rechnen, die zwar nicht ganz rechtens ist und zur Unzeit durchgeführt wird, dafür aber ganz bestimmt die Zustimmung der ehrbaren Nachbarn findet.

Überhaupt traut den Spaniern keiner so richtig etwas zu. In Portugal nimmt man einem Ungeschickten etwas mit den Worten aus der Hand: »Du bist wie die Spanier, du siehst mit den Händen.« (*És como os espanhóis, vês com as mãos.*) Und sollte es ein Deutscher in Frankreich allen Ernstes wagen, in der Landessprache zu kommunizieren, dürfte er mehr als einmal hören, er »spreche Französisch wie eine spanische Kuh« (*parler français comme une vache espagnole*). Weil man aber Feinde stets eng am eigenen Busen halten soll, setzen Franzosen noch einen oben drauf. Während in nahezu ganz Europa unrealistische Träume als Luftschlösser bekannt sind, glauben sie, etwas Undurchführbares anzugehen sei wie »Schlösser in Spanien zu bauen« (*construire des châteaux en Espagne*).

Ganz ist der goldene Ruf spanischer Kolonialzeit dann aber doch noch nicht verblasst. Aus den Tagen, als Mittelamerika noch der spanischen Krone gehörte, stammt der englische Ausdruck »jemanden spanisch führen« (*walk someone Spanish*). Dessen Ursprung ist die Sitte der einst dort segelnden Piraten, ihre Opfer am Schlafittchen zu packen und über das Deck zu schleifen. Die Freibeuter der Karibik gibt es nicht mehr, aber mit einem spanischen Gang wird noch immer unliebsamen Gästen die Tür gezeigt. In Deutschland erinnert das vielleicht so manchen an die »spanischen Stiefel«, die als nicht minder gewalttätige Folterinstrumente früher dazu dienten, Geständnisse zu erwirken. Noch in Goethes »Faust« ist von ihnen zu lesen: »Mein teurer Freund, ich rat euch drum/Zuerst Collegium Logicum./Da wird der Geist Euch wohl dressiert,/In spanische Stiefeln eingeschnürt …«

Dass die meisten dieser Wendungen uns heute eher »spanisch vorkommen«, verwundert indes kaum. Sie entstammen schließlich genauso wenig unserer Kultur, wie die Sitten, die Karl V. 1519 aus Spanien auf den deutschen Kaiserthron mitbrachte. Sein Hofzeremoniell war im ganz wörtlichen Sinn derart »spanisch« – und den Deutschen so fremd und suspekt –, dass daraus jener Ausdruck entstand. Die Franzosen, denen ja wie gesagt ganz andere Dingen »spanisch vorkommen«, können damit übrigens wenig anfangen. Wenn ihnen etwas nicht geheuer ist, dann finden sie es vielmehr »nicht sehr katholisch« (*être pas très catholique*).

Selber Schnurrbärte haben

Eigentlich lehrt uns der Volksmund, dass Dinge, die einen Bart haben, recht betagt sind, vielleicht schon ein bisschen zu alt. Nicht so in Russland. Wer dort von sich sagt, er »habe selber einen Schnurrbart« (*мы сами с усами – my ßámi ß ußami*), behauptet eigentlich, gerade nicht von gestern, sondern vielmehr absolut auf der Höhe der Zeit zu sein. Indes verwundert bei einem Volk, dessen Zaren seit jeher bärtige Burschen waren, nicht, dass sie Kraft und Weisheit in den Haaren suchen, wie sie einst auch in Samsons Mähne steckten.

Während sich die Deutschen damit begnügen, »nicht von gestern« zu sein, gehen die Niederländer lieber auf Nummer sicher – und sind stattdessen »nicht von vorgestern« (*niet van eergisteren zijn*). Andere unserer Nachbarn sprechen wörtlich aus, was wir nur meinen: Briten (*not to be born yesterday*), Italiener (*non essere nato ieri*) und Franzosen (*ne pas être né d'hier*) legen wert darauf, »nicht gestern geboren« worden zu sein. Dadurch erst lässt sich verstehen, worum es hier wirklich geht: Man ist kein Kind mehr; nicht frisch geschlüpft, sondern reif an Lebenserfahrung. Sogar der russische Schnurrbart erklärt sich so betrachtet noch einmal als unübersehbares Zeichen des ausgereiften Mannes. Apropos: Will man in Spanien sagen, man sei geistig rege, dann ist man »nicht vom Sauerkirschbaum gefallen« (*no me he caído de un guindo*). Ist einer jedoch ein wenig überholt, so denken die Spanier, er »lutsche an seinem Finger« (*creer que uno se chupa el dedo*).

In Frankreich lässt man die Ahnungslosen sprichwörtlich vom Himmel purzeln. Wer da nicht dazugehören will, behauptet schlicht von sich, er sei »nicht mit dem letzten Regen gefallen« (*ne pas être tombé de la dernière pluie*). Vermutlich vom selben Regen benetzt sind all jene, die in Italien als ein wenig gestrig angesehen werden. Die haben nämlich »noch den Tropfen an der Nase« (*qualcuno che ancora abbia la goccia al naso*). Oder ist es doch der Kinderrotz?

• •

Über das Geschlecht der Engel diskutieren → Locken ringeln

Unterwegs mit dem Steinkauz

Jeder, der schon einmal etwas ausgefressen hat, weiß, dass man nur zwei Möglichkeiten hat, wenn das Kind einmal in den Brunnen gefallen ist: Man kann versuchen, alles unter den Teppich zu kehren und so tun, als wäre nie etwas geschehen. Oder man kann jemanden suchen, der die Sache auslöffelt, ob er nun will oder nicht. Funktioniert hat das schon immer, die Bibel macht es vor. Die Schlange musste für die Neugier von Adam und Eva geradestehen und hat dabei ihren guten Ruf auf Dauer eingebüßt.

In Spanien hat man diese moralische Schule nicht vergessen. Noch immer »hängt man jemandem das Büßergewand über« (*colgar el sambenito a alguien*), wenn er die Verantwortung – auch für die Taten anderer Leute – übergeholfen bekommt. In Portugal ist die Kutte zwar aus dem Sprachgebrauch verschwunden, trotzdem erklärt sich erst dank der Erinnerung an das symbolträchtige Kleidungsstück ihr Ausdruck »jemandem die Schuld über die Schultern werfen« (*lancar as culpas para cima dos ombros de alguém*). Überhaupt wird mit Schuld in Europa viel um sich geschmissen. Denn auch in Italien wirft man »die Schuld auf den Leib« (*gettare la colpa addosso a qualcuno*), in Frankreich » auf den Rücken« oder gar » aufs Konto« (*mettre quelque chose sur le dos/compte de quelqu'un*) und selbst die Polen »werfen Schuld auf jemanden« (*zrzucać winę na kogoś*). Gerade die katholischen Länder haben so den Gedanken der Verbindung von Schuld und Sühne im Büßerhemd, das einen erzieherischen Mehrwert hatte, bewahrt. Bis in das Bild vom Suchen und Finden eines unfreiwilligen Ersatzsünders. Selbst in Großbritannien ist in der entsprechenden Wendung noch ein katholisches

Erbe vernehmlich. Zwar hatte sich der englische König Heinrich VIII. 1534 von Rom losgesagt und eine eigene, die anglikanische Kirche gegründet, um nicht jedes Mal den Papst um Erlaubnis fragen zu müssen, wenn er eine neue Frau ehelichen wollte. Doch im englischen Ausdruck »jemandem die Schuld anheften« (*pin the blame on someone*) findet sich die schlimmste aller Sünden versteckt: die Blasphemie – von der im Laufe der Jahrhunderte nur noch *blame* übrig blieb. Eine andere Variante bietet die Redewendung *palm off something on someone*, die den Gedanken nahe legt, es ginge darum, jemandem etwas an dessen Palme zu hängen, das eigentlich an der eigenen gewachsen ist. Weit gefehlt. Im Englischen wird auch die Fläche der geöffneten Hand als *palm* bezeichnet, so dass man sich besser vorstellt, jemand »wische an jemandem von seiner Hand ab«, was er diesem unterjubeln will.

Lediglich in Holland hält man es mit den Deutschen und schiebt das Ungewollte anderen schlicht »in die Schuhe« (*in de schoenen schuiven*). Mit den biblischen Vorbildern kann sich diese Wendung zwar nicht messen, dafür ist sie unserer Lebenswelt umso näher: Fahrende Gesellen, die mitunter gemeinsam mit anderen in Herbergen nächtigten, versteckten, wenn eine Razzia anstand, Diebesgut einfach in den Schuhen ihrer Nachbarn.

Natürlich kann man auch im Rest Europas anders. In Frankreich etwa lässt »man jemanden den Hut tragen« (*faire porter le chapeau á quelqu'un*), wenn er verantworten muss, was er nicht will – und vielleicht auch nicht getan hat. Italiener »binden etwas an jemandem fest« (*affibbiare qualcosa a qualcuno*), sollte das »Angeworfene« nicht haften. Ein Russe wiederum würde die Suppe, die er nicht selbst auslöffeln will, »vom kranken Kopf auf den gesunden wälzen« (*валить с больной головы на здоровую – walítj ß boljníj golowý na sdorówuju*). Und selbst die erzkatholischen Spanier gehen mit der Zeit. Anstelle des Büßerhemdes geben sie anderen mitunter » einen Steinkauz « auf den Weg (*cargarle el mochuelo a alguien*). Wer meint, einen kleinen Vogel trage er doch lieber als ein Büßerhemd, sei gewarnt, denn *mochuelo* kann durchaus auch mal eine Leiche meinen.

Von französischen Knüppeln, Nasen und dem Abschied

Dank der vielen und langen Feldzüge fränkischer Herrscher kamen die Franzosen in Europa weit herum und hinterließen vielerorts ähnliche bleibende Eindrücke. Vor allem Engländer haben ein recht klar umrissenes Bild von den Nachbarn auf der anderen Seite des Kanals. So tragen zahlreiche Dinge den geliebten Feind schon im Namen – eine Glastür heißt *french door*, die Buschbohne *french bean* und die Parkkralle *french boot*.

Darüber hinaus verdankt die Welt in englischen Augen den Franzosen vor allem den » französischen «, also den Zungenkuss (*french kiss*) und die – wohl zu Unrecht – als » Franzosenkrankheit « (*french disease*) bekannte Syphillis, die beide auch in den meisten anderen Ländern so genannt werden. Mit Ausnahme von Frankreich selbst. Hier spricht man vom nassen Schmatz tatsächlich als » Kuss Zunge in Mund « (*baiser langue en bouche*) und von der Syphillis, wohl aus Rache, als » italienischer Krankheit (*maladie Italienne*). All das wäre sicher nicht passiert, hätte es viel früher schon » Pariser « in Massenproduktion gegeben. Dabei will eigentlich keiner so richtig die Meriten für die kleinen Gummitütchen einstecken: Wer in London nach einem »französischen Brief« (*french letter*) fragt, bekommt in Paris einen »englischen Regenschirm« (*capote anglaise*). Eine gehörige Portion Humor, aber auch Selbstvertrauen und vor allem Patriotismus beweisen die Franzosen im Bett dann aber doch. Im Angesicht eines Spermaflecks auf dem Laken ruft eine französische Frau nämlich entzückt aus: »Eine Karte von Frankreich!« (*une carte de France*) In Italien wiederum sind Französinnen so gern gesehen, dass man die Zierde einer Frau – die Stupsnase – in »französische Nase« (*nasino alla francese*) umgetauft hat.

Beinahe europaweit kennt man zudem den Ausdruck, »einen französischen Abschied nehmen« (spanisch: *despedirse a la francesa*) für jemanden, der sich heimlich verdrückt, ohne die Rechnung zu bezahlen. Die Franzosen, man ahnt es schon, machen da nicht mit und reden lieber davon, sich »auf englisch« davonzustehlen (*filer à l'anglaise*), wobei stehlen wörtlich zu nehmen ist. In Polen dagegen kennt man das »französische Hündchen« (*francuski piesek*), das unter Umständen sogar niedlich, hauptsächlich aber ein verwöhnter feiner Pinkel ist.

Im Allgemeinen ist das Verhältnis zu den Franzosen aber durchaus ausgewogen. Die Deutschen schimpfen ihre Nachbarn zwar in Rage schon mal »Froschfresser« und für Rheinländer ist etwas Geringwertiges »französisch«; zugleich denken wir aber, es lebe sich nirgendwo besser als bei »Gott in Frankreich«. Portugiesen wiederum scheinen zwar das Baguette nicht zu mögen, das sie »französischen Knüppel« (*cacete francês*) nennen, finden aber alles Glamurös-Pompöse »französisch« (*à francês*). In Italien wird sogar ein entscheidender Erfolg mit dem Satz quittiert, er sei errungen wie die Taten »Karls in Frankreich« (*quante Carlo in Francia*).

Ein echtes Problem mit den Franzosen haben aber offensichtlich die Holländer, was man ihnen nicht verübeln kann, wenn man bedenkt, dass das kleine Land den Expansionsbedürfnissen etlicher fränkischer Könige im Weg stand. Es kann daher durchaus vorkommen, dass ein Amsterdamer Tischler seinem über den Daumen peilenden Gesellen eine schallende Ohrfeige verpasst, weil man bei ihm »nicht nach der französischen Art arbeitet« (*niet met de Franse slag werken*). Sollte dieser ihm darauf »mit keinem Wort Französisch« (*met geen woord Frans*) – also auf gut deutsch – gesagt frech kommen, dürfte es noch gleich einmal scheppern und der Meister brummeln, man werde ihm die Flausen schon noch austreiben und endgültig »das Französisch sprechen abgewöhnen« (*het Frans praten afleren*).

Von Maravedis und leeren Eiern

An dem, was einer Kultur wirklich wichtig und wert ist, erkennt man ihre wahre Gestalt, sagt man. Durch das, was sie als besonders wertlos erachtet, offenbart sie sich aber mindestens ebenso sehr – und komisch dazu.

Wenn auf der einen Seite der Waage ein Haufen Nichts zu liegen kommt, würden die Briten auf die andere noch nicht einmal *tuppence* legen, denn die »zwei Pennys ist es nicht wert« (*not worth tuppence/twopence*). Auch keinen »Viertelpenny aus Blech« (*not worth a brass farthing*) würde ein Londoner für etwas locker machen, das in Finnland – haargenau wie in Deutschland – keinen »Pfennig wert« ist (*ei pennin vertaa*). Wie hierzulande trauert man in Suomi seit der Einführung des Euro der alten Mark und ihren hundert Pfennigen nach.

Die Tradition, das Wertlose mit dem kleinsten Münzwert zu vergleichen – und als nicht ebenbürtig anzusehen –, findet sich in vielen europäischen Redewendungen. Meist handelt es sich dabei um die sprachlichen Überbleibsel alter Währungen, deren Wert immer weiter verfallen war, ehe man sie gänzlich abschaffte. Dabei haben diese allgegenwärtigen Münzen oftmals ein Eigenleben entwickelt, das sie meist nicht mehr als Geld erkennen lässt. Wenn etwa ein Spanier meint, etwas sei doch »keine dicke Hündin wert« (*no valer una perra gorda*), so hat er keineswegs vor, sein schwangeres Haustier unter Wert zu verkaufen, sondern bezieht sich auf die noch im 19. Jahrhundert in Spanien gebräuchliche Zehn-Céntimos-Münze. Auf deren Rückseite war nämlich ein stehender Wappenlöwe geprägt, der offensichtlich – vielleicht auch durch den geringen Wert des Geldstücks – im Volksmund zur »dicken Hündin« degradiert wurde. Noch um einiges älter, aber ebenso herabgewürdigt ist der *Maravedí*, einst eine Goldmünze, die die christlichen Eroberer Spaniens im 11. Jahrhundert von den Mauren übernahmen. Bereits nach 200 Jahren nur noch aus Kupfer geprägt, rangierte man sie im 19. Jahrhundert ganz aus, und so dient der *Maravedí* heute nur noch als Namensgeber des Wertlosen (*no valer un maravedí*).

In Portugal hatte man noch weniger Glück mit dem eigenen Geld. Dessen ständiger Verfall hat dafür gesorgt, dass eine ganze Reihe früherer Münzen heute für die Nichtigkeit Pate stehen: der portugiesische *Real*, die »Zwanzigermünze« *vintém* und allen voran die geliebte »durchbohrte« Zehn-Centavo-Münze: der *tostão* (*não valer um Real/vintém/tostão furado*).

Einem Italiener wiederum ist das Unverkäufliche »keine zwei Soldi wert« (*non valere due soldi*). Zwar gibt es diese schon seit dem 19. Jahrhundert nicht mehr, doch haben sie es geschafft, so verbreitet zu sein, dass *soldi* heute schlicht »Geld« bedeutet. Ganz soweit ist es mit der schwedischen *Öre* noch nicht gekommen, weshalb man sich in Stockholm genötigt sieht, die weiterhin gebräuchliche kleine *Öre*-Münze erst als »verrottete« zu entwerten (*inte värt ett ruttet öre*). In Griechenland, wo man nicht gewillt ist, für das Wertlose auch nur »einen verbeulten Zehner« (*δεν αξίζει δεκάρα τσακιστή – den axísi dekára tsakistí*) auszugeben, wird Geld sogar zur beschädigten Ware.

In vielen europäischen Ländern zieht man indes auch gern anderes zum Vergleich heran, um dem Wertlosen einen Namen – wichtiger noch: ein Aussehen – zu geben. Meist handelt es sich um Dinge, die in solchen Massen vorhanden sind, dass ihr Gegenwert geradezu zwangsläufig gering ist. Gemüse zum Beispiel. In Deutschland etwa genießt bekanntermaßen »die Bohne« keinen guten Ruf. Diese Rolle übernimmt in den Mittelmeerländern die »Feige«. Einem Italiener gilt vor allem »eine trockene Feige« nichts (*non valere un fico secco*), aber auch »Kohl« ist nicht gerade hoch angesehen (*non valere un cavolo*). Den Spaniern, deren kulinarische Fleischeslust durchaus bekannt ist, fiele es unter Umständen leichter, jene Grünpflanzen aufzuzählen, die nicht auf ihrem schwarzen Index des Unnützen stehen. Ganz oben finden sich jedenfalls der »Kümmel«, die »Gurke« und die »Beermelde« (*no valer un comino/pepino/bledo*). Letztere, in Deutschland auch als Gänsefuß bekannt, wird in England *pigfeed* genannt; nicht zuletzt, weil sie vielerorts als Tierfutter verwendet wird. Zumindest ihr niederer Stand lässt sich so erklären. Was Kümmel und Gurke angeht, so sind sie offenbar keine häufigen Gäste auf einem spanischen Teller. Bei den französischen Nachbarn zählt dagegen ein »Stück Kautabak« nahezu nichts (*ne pas valoir une chique de tabac*), was daran liegen könnte, dass man ihn nach dem Verzehr mehr oder weniger genussvoll in die Gegend spuckt.

Bleiben wir kurz im Land der Trikolore. Ein Pariser, der etwa auf einem Flohmarkt um eine schöne Lampe des frühen 20. Jahrhunderts hart zu verhandeln gedenkt, würde vielleicht zuerst bemerken, die wackelige Stehlampe dürfe doch »keinen Nagel« kosten (*ne pas valoir un clou*), ehe er einen Zahn zulegt und behauptet, dass sie eigentlich noch nicht einmal »einen Hasenfurz wert« sei (*ne pas valoir un pet de lapin*). Da aber auch der Verkäufer sein gutes Stück nicht einfach verschleudert, bleibt dem Franzosen nichts anderes übrig, als lampenlos davonzuziehen und zu grummeln, dass er froh sei, den Staubfänger nicht gekauft zu haben, er sei doch schließlich »nicht einmal Kaninchendärmchen wert« (*ne pas valoir tripette*).

Wahrscheinlich können da nur noch die Holländer mithalten, die sagen würden, für die alte Lampe dürfe man »keinen Nasenstüber« (*geen knip voor zijn neus waard zijn*) mehr verlangen. Ironischerweise gilt im Land des Gouda auch ein »Käsewurm« nicht als besonders kostbar (*geen mieter waard zijn*). Wo wir schon beim Essen sind: Ein Russe, um seine Meinung zur umstrittenen Funzel gefragt, würde erklären, er hätte »kein leer gegessenes Ei« (*выеденного яйца не стоит* – *wýjedennowo jajzá ne ßtóit*) dafür gegeben und auch ein Tscheche würde »keinen Strohhalm« (*ani stébla*) dafür abdrücken. Deren Nachbarn, die Polen, haben scheinbar keine Verwendung für einen Kaminvorleger, denn für sie ist nichts so wertlos wie »ein Pfund Fell« (*nie być wartym funta kłaków*). Die einzigen Europäer, die ein Tier in diesen Vergleich eingeführt haben, sind die Portugiesen. Ihnen wäre solch ein vergammeltes Leuchtmittel nämlich »keine Schnecke wert« (*não valer um caracol*).

Dass jenes Geringgeschätzte, das hier versammelt ist, manchmal auch bedeutsam sein kann, zeigt der spanische Ausdruck, etwas sei »kein Iota wert« (*no valer una jota*). Der als »I« auch heute noch vorhandene, bezeichnend nichtig-schmale zehnte Buchstabe des griechischen Alphabets verfügt als einziger über eine »eigene« Passage in der Bibel (Matthäus 5, 18), in der es heißt: »Bis der Himmel und die Erde vergehen, soll auch nicht ein Jota oder ein Strichlein von dem Gesetz vergehen, bis alles geschehen ist.« Und genau über dieses Strichlein ist oft gestritten worden – nicht zuletzt beim so genannten »Arianischen Streit« im 4. Jahrhundert, als ein einfaches Jota den Unterschied darüber ausmachte, ob Gott und Jesus nur »wesensähnlich« (*ομοιούσιος – omiúsios*) oder »wesensgleich« (*ομοούσιος – omoúsios*) seien.

Eines fehlt noch, an dem gewiss kein Mangel herrscht und das eigentlich noch billiger zu haben ist als jedes Gemüse: ein derber Fluch. Aber auch wenn man sich an jeder Straßenecke Europas ohne darum zu bitten beschimpfen lassen kann, gäbe ein Engländer – schon aus alter Feindschaft – für die traurige Funzel des Pariser nicht einmal »den Fluch eines Kesselflickers« (*not worth a tinker's curse/cuss*). Ehre, wem Ehre gebührt – den Ruf, ungehemmter zu fluchen als alle anderen, haben sie sich hart erarbeitet.

Voraus die Baracke

Es gibt Monate, in denen leckt das Portemonnaie, ebbt das Konto und der Sparstrumpf landet mottenzerfressen im Mülleimer. All jene, denen das ständig passiert, nennen sich Lebenskünstler. Und es gibt sie überall, immer mit dem gleichem Problem – von Russland (*сводить концы с концами* – *ßwodítj konzý ß konzámi*) bis Frankreich (*joindre les deux bouts*) versuchen sie, »die beiden Enden zusammenzubringen«. Keine Angst, es geht keineswegs darum, das Seil an der Lampe festzuknüpfen und sich auf selbstmörderische Weise aus der Welt zu stehlen. Vielmehr sind die beiden Enden, die sich treffen sollen (englisch: *to make both ends meet*), die es als »Ende und Enden« auch in Polen gibt (*ledwie wiązać koniec z końcem*), die Enden zweier Jahre, die sich – vom Geldbeutel aus betrachtet – manchmal so gar nicht die Klinke in die Hand geben wollen.

Eine amüsante Variante dieses Ausdrucks findet sich in Spanien, wo man, knapp bei Kasse, meint, man verdiene »kaum genug, um am Letzten des Monats mit dem Boden hinzukommen« (*apenas llegar a final de mes con el suelo*). Besser getroffen haben es da nur noch die Italiener. Dort, wo dank der Lira lange sogar ein Hungerleider Millionär sein konnte, ist man angesichts leerer Kassen darum bemüht, »den Kalender an Land zu bringen« (*sbarcare il lunario*). Ins neue Jahr nämlich, den neuen Monat, manchmal nur ins Wochenende. Am Samstag ist man dann sowieso bei der Cousine der Schwägerin zum Essen eingeladen und kommt auch ohne Geld über den Tag. Vielleicht sagen deshalb die Italiener, sie »schicken die Baracke voraus« (*mandare avanti la baracca*) – nach auswärts eben –, wenn sie zum Ausdruck bringen wollen, dass sie sich gerade so »über Wasser halten«.

Wenn indes der letzte Scheck längst verheizt und ein neuer nicht in Sicht ist, wird es freilich schwer. Schließlich muss man eine Familie ernähren oder hat – wie der Katalane sagt – »viele Hintern scheißen zu machen« (*haver de fer cagar molts de culs*). Aber es geht auch ohne des Spaniers liebstes Schimpfwort *cagar* (scheißen). In Madrid jammert man beispielsweise gern, dass man »kaum genug für den Eintopf verdient« (*apenas ganar para el puchero*), woran man einmal mehr sieht, dass Essen eben doch der einzige Luxus ist, den wir wirklich brauchen.

Da aber auch Lebenskunst – als echte Kunst – stets von ihrer Herkunft im Handwerk zehrt, kommt selbst der abgebrannte Madrilene über die Runden, wenn er nur verstanden hat, dass er »mit diesen Ochsen pflügen muss« (*con estos bueyes hay que arar*), die ihm verblieben sind. Die Holländer dagegen spucken viel lieber in die Hände und »rudern mit den Riemen, die sie haben« (*roeien met de riemen die men heeft*). Und wo wir Deutschen uns brav »nach der Decke strecken«, wenn sie denn mal zu klein ist, greifen Briten einfach zur Schere und »schneiden den Mantel nach dem Stoff« (*cut one's coat according to one's cloth*).

Derweil stirbt die Weisheit von der zu kurz geratenen Decke genauso wenig aus wie die Not, die sie hervorbringt. So blickt gewiss genau jetzt irgendwo in einem kleinen Bergdorf in den Pyrenäen ein alter Spanier auf das entbehrungsreiche 20. Jahrhundert zurück und sagt zu seinem französischen Nachbarn: »Wie die Zeit, so das Befinden.« (*Cual el tiempo tal el tiento.*). Worauf der noch ältere Franzose antwortet: »Im Krieg wie im Krieg.« (*À la guerre comme à la guerre.*)

Wenden wie ein Crêpe

Bei der Berufswahl sollte man sich gut überlegen, ob es – moralisch – ratsam ist, zur See zu fahren. Seit den goldenen Zeiten der Segelschiffahrt gelten Matrosen in beinahe ganz Europa vor allen anderen als flatterhaft, schwankend und sprunghaft. In Portugal sagt man von einem Inkonsequenten, er »geht, wohin die Brise weht« (*ir para onde corre a aragem*). Dem Italiener gilt der Unbeständige als einer, der »sich regelt nach dem Wind, der weht« (*regolarsi secondo il vento che tira*) und auch die Griechen finden, dass der Zaghafte »dorthin geht, wo der Wind bläst« (πάω όπου φυσάει ο άνεμος – *páo ópu fissái o ánemos*). Und während die Briten schimpfen, der Wankelmütige »trimme sein Segel nach jedem Wind, der weht« (*trim one's sail to every wind that blows*), meinen die Holländer sogar, so einer würde »mit allen Winden blasen« (*met alle winden meewaaien*).

Freilich, manchmal reichen auch einzelne Teile, um das Ganze in Misskredit zu bringen. In Russland sollte man es offenbar vermeiden, »die Nase nach dem Wind zu halten« (держать нос по ветру – *dershátj noß po wétru*), will man nicht als wankelmütig – oder, wie es Pariser sagen: als »wahre Wetterfahne« (*être une vraie girouette*) – gelten.

Ein vernichtendes Urteil. Aber nicht für die Seeleute. Auch Modebewusste und Musikalische haben bei Anständigen in Sachen Standhaftigkeit nicht den besten Ruf. »Die Jacke zu wenden« ist nämlich nicht nur bei Italienern (*voltare casacca*) und Portugiesen (*virar a casaca*) verpönt. Von Frankreich (*retourner sa veste*) bis Schweden (*vända kappan efter winden*) und von Spanien (*cam-*

biarse la chaqueta) bis Holland (*het rokje keren*) gilt ein beidseitig vorzeigbares Wams nicht viel. Aufrichtigkeit hat eben kein zweites Gesicht. In England manchmal sogar keine zweite »Farbe«, denn wer sie »wechselt« (*change one's colours*), steht schnell mal auf der anderen Seite. In Spanien wiederum hört man, ein wetterwendischer Typ »tanze nach jedem Ton, der gespielt wird« (*bailar al son que tocan*).

Es zeigt sich, dass moralische Festigkeit – zumindest sprachlich – nur eine Richtung, nur ein Kleid und nur ein Lied kennt. Kein Wunder also, dass so wenige unter ihrem Banner dahintrippeln. Die Verlockung ist oftmals einfach größer, es einfach dem Franzosen nachzumachen, der sich »wendet wie ein Crêpe« (*retourner comme une crêpe*). Das klingt doch nach Spaß!

Wenn die Kneipensäule den Ellenbogen hebt

Nichts beflügelt die europäische Zunge so sehr wie das, was sie löst – der Alkohol. Man kann genüsslich in London »die Pfeife anfeuchten« (*wet the whistle*), sich in Bilbao »einen Seehecht« anschwipsen (*tener una merluza*) und dann in leichter Schieflage mit »Wind in den Segeln« (*avoir du vent dans les voiles*) nach Paris wanken, um dort »rund wie ein Schaufelstiel« (*être rond comme une queue de pelle*) in einer gemütlichen Spelunke zu versacken. Dabei sind es die offensichtlichen Gemeinsamkeiten und die feinen Unterschiede gleichermaßen, die einen Besuch in den Kneipen Europas so amüsant machen.

Geht ein Engländer mit Freunden ein paar Gläser »zurückstoßen« (*knock back something*), kann es vorkommen, dass er, nachdem er »einen über die Acht hatte« (*have one over the eight*) im angetrunkenen »holländischen Mut« (*dutch courage*) eine gepflegte Keilerei anzettelt. Wenn nicht, »trinkt er wie ein Fisch« (*drink like a fish*), bis er »gepflastert« (*be plastered*) ist und der Wirt ihn – »besoffen wie eine Schubkarre« (*be drunk as a wheelbarrow*) – auf die Straße schiebt. Da er auf dem Heimweg noch das eine oder andere Weg-Bier verzehrt, kommt er schließlich sternhagelvoll – mit »drei Blättern im Wind« (*have three sheets in the wind*) – zu Hause an, wo die Liebste ihm mit den Worten die Couch weist, er sei ja wohl blau »wie ein Lord« (*be drunk as a lord*).

Nicht minder fröhlich geht es in Madrid zu, wo man ohne Reue »den Ellenbogen hebt« (*empinar el codo*), wenn man gemeinsam zecht, bis man einen Rausch und damit »einen Furz« oder »einen Affen hat« (*tener un pedo/una mona*). Jene, die dann noch weiter bechern, »trinken wie ein Kosacke« (*beber como un cosaco*) und landen ziemlich sicher am Morgen »besoffen wie ein Bottich« (*boracho como una cuba*) in einer Seitengasse.

Auch die Italiener halten es mit dem »Ellenbogen« (*alzare il gomito*), wenn sie »zur Henne« (*andare a gallina*), also picheln gehen. Gezwitschert wird dann – Wein versteht sich – »wie ein Schwamm« (*bere come una spugna*), bis man folgerichtig »pitschnass besoffen« (*essere ubriaco fradicio*) ist. Als besonders trinkfest gelten in Italien – wie in Deutschland die Besenbinder – die »Flickschuster« (*essere ubriaco come un ciabattino*). Wer mit ihnen gemeinsam das alkoholische Delirium erreicht, ist wirklich »dicht«.

Ein Pariser würde indes nie »in der Schweiz trinken« (*boire en suisse*), weil das hieße, er müsste seinen Merlot allein schlürfen. Da zwitschert er schon lieber in geselliger Runde »wie ein Pole« (*boire comme un polonais*), nämlich reichlich, bis er angeschickert »einen Schlag im Flügel hat« (*avoir un coup dans l'aile*) und der Abend im »*loup blanc*« so richtig lustig zu werden verspricht. Und da Franzosen einen »geheiligten Abrutsch« (*avoir une sacrée descente*) haben, vertragen sie auch einiges. Sollten sie dann doch irgendwann »grau« – nicht blau (!) – sein (*être gris*), haben sie immerhin die Wahl, ob sie »voll wie ein Würstchen« oder wie eine »Auster« (*être plein comme un boudin/une huître*) in die Knie gehen. Haben sie dann am Morgen danach ein »Maul aus Holz« (*avoir la gueule de bois*), war ziemlich sicher der Wein kein Merlot, sondern eher Abwaschwasser oder »Sockensaft« (*jus de chaussettes*). Die Brühe hätte man allenfalls noch der lebendigen »Kneipensäule« (*pilier de bistrot*) zumuten können, die ohnehin mit dem Besen aus dem Lokal gefegt werden muss.

So geht das weiter, die ganze Nacht. Überall. Holländer bechern »wie ein Templer« (*drinken als een tempelier*) und fliegen dann blau »wie ein Lumpen« (*dronken als een lor*) aus dem Lokal. In Norwegen ist einer, der sich ein paar zu viel hinter die Binde gekippt hat, längst »bei den Weintrauben« (*være på druen*) und »voll wie ein Ei« (*være full som et egg*), für die Finnen dagegen »besoffen wie ein Pelikan« (*päissään kuin pelikaani*). Und während die Polen noch der Meinung sind, sich mehr als nur ein paar Bier zu genehmigen, hieße, »zu saufen wie ein Schwein« (*chlać jak świnia*), wird der letzte Grieche, der weinselig unter den Tisch sinkt, »zu einer Mücke« (γίνομαι σκνίπα – *jínome sknípa*).

Am nächsten Morgen dann, wenn die meisten Zecher gerade unter ihre Decken kriechen, zieht es einen Portugiesen erst einmal zum Frühschoppen, »einen Wurm töten« (*matar o bicho*). Natürlich erhebt er sich erst am frühen Abend wieder und wankt »Hühner umzingelnd« (*cercar galinhas*) zu seiner nächsten Verabredung eine Straße weiter. Erst Stunden später schleppt er sich dann stramm »wie eine Traube« (*estar como um cacho*) nach Hause, wo ihn das gleiche Schicksal ereilt wie den Briten: Seine Frau verbannt ihn aus dem Schlafzimmer und schimpft den Betrunkenen obendrein einen »Korkenlutscher« (*chupa-rolha*).

Wenn es Pfeifenstiele regnet

Regen ist Wasser – flüssig, nass und höchstens mancherorts etwas saurer als anderswo –, könnte man meinen. Aber offensichtlich führt das blaue Wunder sein Eigenleben und fällt überall auf dem Kontinent anders auf bedröppelte Köpfe. Bei manchen paneuropäischen Schauern wäre man lieber gar nicht dabei. In Portugal zum Beispiel, wo es »Taschenmesser regnet« (*chover canivetes*), oder in Griechenland, wo man darauf vorbereitet sein sollte, dass es »Stuhlbeine« schifft (βρέχει καρεκλοπόδαρα – *wréchi kareklopódara*). Ähnlich schreckliche Erfahrungen scheinen auch die Tschechen zu machen, denn bei ihnen gießt es, als würden »Ahlen vom Himmel fallen« (*kdby šídla padala*). Nur zur Erinnerung: Ahlen sind die äußerst spitzen Werkzeuge des Schuhmachers, mit denen dieser Löcher in sein ledernes Werk zu stoßen pflegt. In Prag sollte man sich also bei Regen lieber unterstellen! Wer indes einen gänzlich durchnässten Spanier nach dem Wetter fragt, könnte zu hören bekommen, es würde »Spießspitzen regnen« (*caer chuzos de punta*). Der Ausdruck fällt vor allem, wenn sich zwischen dicke Tropfen das eine oder andere Hagelkorn verirrt, weshalb die Iberer scheinbar prompt fürchten, große, an Lanzenspitzen erinnernde Eiszapfen würden folgen.

Noch dickere Brötchen bäckt man in England, wo es »Treppenstangen regnet« (*rain stair rods*) – jene gut einen Meter langen eisernen Stäbe, die im Knick einer Treppenstufe befestigt sind, um Treppenläufer an der Flucht zu hindern. Es heißt, ein kräftiger ununterbrochener Guss würde einer Flut von Treppenstangen ähneln. Hoffentlich nicht! Der Sonnenplatz auf der Liste »härtester Regen Europas« gebührt jedoch unseren französischen Nachbarn. Wenn es in Paris einmal richtig prasselt, darf man dort getrost sagen, dass »Hellebarden fallen« (*il tombe des hellebardes*). Schlaue Bücher meinen zwar, dass die Ähnlichkeit rein sprachlicher Natur sei – das Hellebarden-Synonym *lance* (»Lanze«) bedeutet umgangssprachlich auch Regen und *lancequiner* demzufolge »regnen« –, aber darauf sollte man sich vielleicht nicht verlassen. Schließlich sagen Franzosen auch hin und wieder, der Regen »fiele wie in Gravelotte« (*il tombe comme à Gravelotte*). Und was da vom Himmel fiel, 1870 in Gravelotte, als man sich im Deutsch-Französischen Krieg gegenüberstand, war allerhand, nur kein Wasser.

Vergleichsweise harmlos geht es da in Holland zu, wo es »nur« »Pfeifenstiele regnet« (*pijpestelen regenen*). Die deutschen »Bindfäden« wiederum, die im kontinentalen Niederschlagskonzert ja eher die Triangel spielen, gibt es in Frankreich auch (*pleuvoir des cordes*). Vielleicht nennen die Franzosen ja ihren Nieselregen so. Zweifellos die erste Geige spielt die schon seit dem 17. Jahrhundert existierende englische Wendung »Katzen und Hunde regnen« (*rain cats and dogs*), die es in abgespeckter Form – als »junge Hunde« – auch nach Deutschland geschafft hat. Sicher erklären lässt sie sich nicht, dafür wird umso mehr spekuliert. Manche glauben, sie erinnere daran, dass während eines Gewitters auf nassen Dächern wandelnde Haustiere ausrutschen und dann tatsächlich »vom Himmel« fallen. Anderswo wird angenommen, der Ausdruck rühre vom ähnlich klingenden griechischen *cata doxas* her, das »gegen jede Erfahrung« bedeutet. Um eine solche Behauptung zu rechtfertigen, müsste der gemeinte Schauer aber eigentlich sintflutartige Ausmaße annehmen. Am wahrscheinlichsten ist, dass es sich um eine Erweiterung des bereits existierenden Ausdrucks *cats and dogs* handelte, der schon länger einen Streit oder eine Feindschaft bezeichnete. Ob sich nun Mensch und Regen oder die Tropfen untereinander nicht verstehen, ist nicht auszumachen.

Dabei sind tatsächlich schon Tiere vom Himmel gefallen. Froschregen, wie er als gottgesandte Plage in der Bibel (Exodus 8) beschrieben wird, hat es in der Geschichte öfter gegeben. Zuletzt im April 2007, als Tausende kleiner Frösche, wohl von einem Wirbelsturm getragen, auf die erstaunten Bewohner eines serbischen Dorfes niedergingen. Auch Schnecken, Schlangen oder Ameisen hat Petrus nachweislich bereits aus den Wolken geschüttelt, aber das ist eine andere Geschichte.

Nahezu überall dreht man den Spieß freilich ebenso gern um und spricht angesichts eines ansehnlichen Wolkenbruchs davon, woher all das Wasser kommt. Für Spanier gießt es ebenso »aus Krügen« (*llover a cántaros*) wie für Portugiesen (*chover a cântaros*), in Frankreich (*pleuvoir à seaux*) und England (*it's bucketing down*) sind es hingegen »Eimer«, die sich über uns entleeren. Finnen sprechen lieber von »Kübeln« (*sataa kuin saavista kaataen*), bei den Polen »schüttet« es sogar »aus Zubern« (*leje jak z cebra*) und in Italien aus »Waschschüsseln« (*piovere a catinelle*).

In den meisten der genannten Wendungen schwingt natürlich auch der Ärger mit, der angesichts eines kräftigen, alles durchnässenden Regens nicht ausbleibt. Manche Ausdrücke erlauben den Frustabbau jedoch besser als andere. Wenn sich der graue Schleier überhaupt nicht mehr verzieht, schimpft man in Frankreich, es würde gießen »wie eine Kuh, die pisst« (*il pleut comme vache qui pisse*). Wem das noch nicht reicht, der bedient sich einfach des finnischen *sataa kuin Esterin perseestä*. Es lohnt sich allerdings, zuvor die Namen der weiblichen Anwesenden in Erfahrung zu bringen, ehe man behauptet, dass »es regnet wie aus Esters Arsch«.

. . . .

Wenn Esel fliegen → Sankt Glinglin, wenn der Krebs auf dem Berg pfeift

Wenn Fröschen Haare wachsen → Sankt Glinglin, wenn der Krebs auf dem Berg pfeift

. . . .

Wer den Kabeljau schneidet …

… ist der Chef im Haus – zumindest in Spanien. Denn immerhin hat dort der die »Hosen an«, der befugt ist, den Fisch auf den Tisch zu bringen und ihn zu zerlegen (*cortar el bacalao*). Offensichtlich geht bei den Iberern, wo ohnehin jede Mahlzeit als kleines Fest zelebriert wird, alle Macht von der Küche aus. Und die ist Frauensache; kein Spanier würde das ernsthaft bestreiten. Dass in den Mittelmeerländern, wo junge Männer gern die Vorzüge des »Hotel Mama« auskosten, bis sie sanft und ohne große Komplikationen in den Ehehafen einlaufen, die Macht des Kochlöffels oder der Pfanne mitunter größer ist als die des Schwerts, überrascht sicher nicht. Nicht umsonst sagen Spanier von dem, der das Sagen hat, dass er »die Pfanne am Griff hält« (*tener la sartén por el mango*).

Leider gehen Sprache und Wirklichkeit nicht immer Hand in Hand und im Kabeljau-Ausnehmer versteckt sich letztlich doch wieder ein Mann: Immerhin war gerade die als »Stock- oder Klippfisch« bekannte getrocknete Ausgabe des Kabeljaus seit dem Mittelalter einer der wichtigsten Posten auf der Speisekarte der Ärmeren. Und auch die waren traditionell: Das Recht, als Erster zu essen und darüber zu entscheiden, wer was auf seinen Teller bekommt, war Sache des – männlichen – Familienoberhaupts. Noch hörbar ist dies im italienischen Ausdruck, »Herr über den Kabeljau sein« (*essere il padrone del baccellaio*). Am Rande: Der deutsche Name des Flossentieres – Kabeljau – leitet sich tatsächlich von seiner romanischen Variante – *bacalao* oder *beccellaio* – ab. Wie? Ganz einfach: Wenn man das Wort in drei Silben zerlegt – *ba-ca-lao* – und die mittlere an den Anfang setzt – *ca-ba-lao* – ist auch die sprachliche Verwandtschaft offensichtlich. Allerdings muss der *bacalao* heutzutage um seinen Fortbestand fürchten, weshalb er wohl auch in keiner Armenküche mehr serviert wird.

Aber keine Bange: Auch in Spanien weiß man um die staatstragende Bedeutung der »Hose« (*llevar los pantalones*). Anderswo in Europa steckte die Macht schon immer in zwei Hosenbeinen. In

Frankreich etwa trägt der Hausherr selbstverständlich »Hosen« (*porter la culotte*). Dummerweise stammt die Wendung noch aus dem 18. Jahrhundert und die Hose gleich mit. *Culottes*, damals Kniehosen, sind im französischen Sprachgebrauch scheinbar immer kürzer geworden, denn inzwischen nennt man so nurmehr Slips und Damenhöschen. Aber Sprache ist träge, und so hat der Herr im Haus in Frankreich noch immer *culottes* an – auch wenn ein Chef im Schlüpfer anderswo keine Respektsperson wäre.

Historische Beinmode prägt auch die Sprache der Briten, wo der Hausregent mit sprichwörtlichen *breeches* »Reithosen trägt« (*wear the breeches*), die auf den einst für Blaublüter reservierten sportlichen Zeitvertreib verweisen. Sicherlich zeitloser ist der ebenfalls in England vergebene Titel des »Obersten Hundes« (*be top dog*). Auch für die Griechen (φοράω τα παντελόνια – *foráo ta pantelónia*), die Niederländer (*de broek aanhebben*), die Portugiesen (*usar as calças*) und die Italiener (*portare i pantaloni*) gibt den Ton an, wer in den Hosen steckt. In Italien allerdings hat die Zeit den Hosen-Träger zur potenziellen Lachnummer gemacht: Denn *Pantalone* heißt auch der Strumpfhosen tragende, geizige alte Geck des italienischen Volkstheaters, der *Comedia dell'arte*.

Eine handfeste Ausnahme machen, wie so oft, die Nordmänner. Bei den Finnen (*sanoa missä kaappi seisoo*) und Norwegern (*bestemmer hvor skapet skal stå*) hat gleichermaßen das Sagen, wer entscheidet, »wo der Schrank steht« – heutzutage fraglos Frauensache. Letztlich spielt es wohl keine Rolle, ob die Frauen den Männern nun das Messer aus der Hand genommen haben oder in ihre Hosen gestiegen sind. Daran, wer letztere wirklich anhat, besteht kaum ein Zweifel. Jedenfalls für Marcel Proust, der meinte, »zu Hause ist es der Mann, der den Rock anhat und die Frau die Hosen«.

Wind auf dem Feld suchen

Wer »Wind auf dem Feld sucht« (*искать ветер в поле – iſßkátj wétr w póle*), wie man in Russland zu sagen pflegt, muss zumindest nicht fürchten, Sturm zu ernten. Schließlich hat er noch kein Lüftchen gesät. Dafür ist sein Treiben jedoch vor allem eines: nutzlos.

Alle Sprachen Europas haben unzählige Bilder dafür geprägt. In den meisten ist davon die Rede, dass etwas an einen Ort gebracht wird, wo es bereits im Überfluss vorhanden ist. Das bekannteste von ihnen ist zugleich der Ursprung ihrer Verbreitung: In Griechenland trägt man »Eulen nach Athen« (*κομίζω γλαύκας εἰς Ἀθήνας – komíso gláfkas is Athínas*). Aber was machen sie dort? Nun, zum einen waren in der Antike die Hänge der Akropolis bei diesen Tieren ein beliebter Lebensraum, so dass sie in der Metropole häufig anzutreffen waren. Zum anderen war die Eule, die auch im – sprichwörtlichen – Dunkeln zu sehen vermag, das Symbol der Weisheit und nicht zuletzt darum das »Maskottchen« von Athene, der ebenfalls als ausgesprochen klug geltenden Schutzpatronin und Namensgeberin der Stadt. Dank der Philosophen und der unzähligen Götterbildnisse gab es also ausreichend »Eulen« in Athen. Was könnte da nutzloser erscheinen, als weitere herbeizuschaffen?

Nahezu alle Europäer haben eine ähnliche Redensart entwickelt. Mancherorts trägt man »Wasser ins Meer« – so etwa in Frankreich (*porter de l'eau à la rivière*), Spanien (*llevar agua al mar*) oder Italien (*portare acqua in mare*). In Russland dagegen müht man sich, das kühle Nass »mit dem Sieb« zu transportieren (*носить воду решетом – noſßítj wódu reschetóm*). Mindestens ebenso verbreitet ist es, »Holz in den Wald zu tragen«, wie man es in Deutschland oder Tschechien tut (*nosit dříví do lesa*). In Spanien bringt man es lieber gleich »auf den Berg« (*llevar leña al monte*) und Italiener »belasten sich mit grünem Holz« (*caricarsi di legna verde*), weil es schlicht nicht brennt. Einiger Beliebtheit erfreut sich auch der Versuch, »dem Imker Honig zu verkaufen« – zum Beispiel in Portugal (*vender mel ao colmeeiro*) oder Spanien (*vender miel al colmenero*). Und in Frankreich will man zuweilen nichts weniger, als »die Sonne mit einer Fackel zeigen« (*montrer le soleil avec un flambeau*).

Wirklich komisch sind allerdings vor allem jene Varianten, die mit bestimmten nationalen Eigenheiten im Gepäck daher kommen. So findet man es in Portugal besonders unsinnig, »Bananen nach Madeira zu bringen« (*levar bananas para a Madeira*); in Italien ist es brotlos, »Vasen nach Samos« zu schleppen (*portare vasi a Samo*) und in den Niederlanden sollte man keine »Balken nach Norwegen« verschiffen (*balken naar Noorwegen brengen*). Ebenso wenig sehen Spanier einen Sinn darin, »Weizen nach Kastilien« oder »Eisen nach Biskaya« zu transportieren (*llevar trigo a castilla/hierro a Vizcaya*), und Engländer spotten darüber, dass man keine »Kohle nach Newcastle« zu tragen brauche (*carry coals to Newcastle*). All das offensichtlich, weil das Genannte am selbigen Ort bereits vorhanden ist!

Beispielsweise will man in Newcastle schon 1538 von dem guten Rat gehört haben, auf dem dortigen Markt keine Kohlen verkaufen zu wollen, weil es sie schlicht im Überfluss gab. Indes hat die Geschichte den Briten einen Strich durch die Rechnung – oder besser: die Redewendung – gemacht: Die Kohlevorkommen um Newcastle sind inzwischen längst erschöpft – und seit 2004 muss die Stadt ihre Kohle aus Russland importieren. Gut, dass man dort offenbar die englische Redewendung nicht kennt! Aber selbst wenn die Russen

Kohlen nach Newscastle tragen, niemals wären sie so dumm, mit einem »Samowar nach Tula« zu fahren (*ездить в Тулу со своим самоваром – jézdit' w Túlu so svoím samovárom*). Dass wäre nämlich so sinnlos, wie der Versuch eines Briten, seiner »Großmutter das Eierausblasen zu lehren« (*teach your grandmother to suck eggs*).

Was die Eulen angeht: Eine viel wahrscheinlichere Erklärung für den Überfluss an Eulen in Athen ist spätestens seit der Einführung des Euro im Jahr 2002 wieder handfest nachvollziehbar. Auf der Rückseite der antiken griechischen silbernen Tetradrachme war – ganz wie auf den aktuellen Ein-Euro-Münzen – eine Eule eingeprägt, sodass wer von »einer Eule« sprach, auch »eine Drachme« meinen konnte. Da Athen im 5. Jahrhundert, als die Redewendung entstand, in voller Blüte stand und als prachtvollste Stadt des Mittelmeerraums galt, musste es sinnlos erscheinen, Geld an den reichsten Ort der bekannten Welt zu bringen.

* *

Ziegenbocksuppe essen → Eine Pik-Zwei bekommen

Zum Türken werden → Mit verdrehten Höschen in die Flasche kriechen

Redewendungen

Dänisch
fedte roev 30
være død som en sild 84

Englisch
all and sundry 49
be a good German 71
be at the back of beyond 14
be au naturel 76
be bare 76
be dead as a doornail 84
be drunk as a lord 106
be drunk as a wheelbarrow 106
be filthy rich 29
be in a jam 56
be in a nice pickle 56
be in a pretty kettle of fish 56
be in a soup 56
be in a tight spot 54
be in Queer street 56
be in the altogether 76
be in the backwater 13
be in the buff 76
be in the middle of the sticks 13
be known all over town 21
be left holding the bag 56
be mad as a march hare 40

be naked as a jaybird 77
be naked as a robin 76
be nude 76
be on a sticky wicket 57
be plastered 106
be rolling in it 32
be sent off with a flea in one's ear 41
be six feet under 81
be stark naked 76
be stripped 76
be top dog 113
be uncoated 76
be undraped 76
be up a gum tree 55
*be where the crows fly
    backwards 14*
being nuts 39
break a butterfly upon a wheel 43
Break a leg! 58
Bugger off! 27
buy one's lunch 83
buy the farm 83

carry coals to Newcastle 115
cats and dogs 109
change one's colours 105
climb the golden staircase 85
cut one's coat according to one's cloth 103
drag someone over the coals 62
drink like a fish 106
drive someone nuts 75
drive someone up the wall 74
dutch courage 106
etch something indelibly in one's mind 45
fly off the handle 74
french bean 95
french boot 95
french disease 95
french door 95
french kiss 95
french letter 96
fritz 70
get a brush off 41
get a wooden suit 83
get one's knickers in a twist 75
get someone's goat 75
gibberish 68
go belly up 84
Go and fly a kite! 27
go west 85
Go to hell! 25
hand in one's chips 83
have a finger in the pie 73
have bats in the belfry 39
have bees in the bonnet 39

have lots of dough 31
have lots of lolly 31
have money to burn 32
have one over the eight 106
have one's ass on the line 83
have three sheets in the wind 106
have someone on the carpet 62
hold the wolf by the ears 55
in a month of Sundays 86
it's bucketing down 110
jabberwocky 68
Jump in a lake! 25
keep somebody under one's thumb 17
kick the bucket 83
knock back something 106
krauts 70
lead someone up the garden path 66
leg it 18
live off the fat of the land 80
live the life of Riley 80
make both ends meet 102
my heart sinks to my boots 52
my heart sinks to my guts 52
my heart was in my mouth 53
nitpicker 70
not to be born yesterday 92
not to have all one's marbles 39
not to hold water 45
not worth a brass farthing 97
not worth a tinker's curse/cuss 101
not worth tuppence/twopence 97
odd fish 51
palm off something on someone 94

pin the blame on someone 94
pop one's clogs 83
pop someone's cherry 34
Prussian efficiency 71
push up daisies 85
put a bee in the bonnet 34
put something in one's pipe and
    smoke it 46
put the cat among the pidgeons 36
pull wool over someone's eyes 65
queer fish 51
ragtag and bobtail 49
rain cats and dogs 109
rain stair rods 109
ream out someone 62
Roman holiday 60
send someone packing 41
set a thief to catch a thief 35
smell a rat 32
soft-soap someone 62
take a sledgehammer to crack a
    nut 43
take the biscuit 23
take the bun 23
take the cake 23
take to one's heels 18

talk a lot of hot air 67
talk through one's hat 68
talk until one is blue in the
    face 68
teach your grandmother to suck
    eggs 116
tell someone where to get off 64
the butcher, the baker and the
    candlestick-maker 49
this side of doomsday 86
throw the book at someone 64
throw the helve after the
    hatchet 28
Tom, Dick and Harry 47
trim one's sail to every wind that
    blows 104
trust the cat to keep the cream 35
turn up one's toes 84
waffle 68
walk someone Spanish 90
wear the breeches 113
wet the whistle 105
when Good Friday falls on a
    Thursday 86
when pigs can fly 87
without rhyme or reason 44

Finnisch

ei pennin vertaa 98
häivy helvetin kuuseen 26
heittää femma nurkkaan 83
heittää henkensä 83

heittää kirveensä kaivoon 28
heittää luut kuppiin 84
heittää mutterit seinälle 83
heittää pyyhe kehään 27

helvetin kuusessa 13
hyppiä seinille 74
kietoa pikkusormen ympärillle 16
mikään ei ole niin viisas kuin
	insinööri, paitsi saksalainen
	insinööri 71
olla kusessa 57
päästää kylmä pieru 84
päissään kuin pelikaani 107
polttaa hihansa 75
sanoa missä kaappi seisoo 113

sataa kuin Esterin perseestä 111
sataa kuin saavista kaataen
	110
siirtyä suorasääristen yhdistyk-
	seen 84
sitten kun lehmät lentävät 87
sydän kurkussa 53
syöttää pajunköyttä 64
tykillä kärpästä 43
vaihtaa hiippakuntaa 85
vihainen kuin ampiainen 75

Französisch

à la guerre comme à la guerre 103
à la semaine des quatre jeudis 86
à saint-Glinglin 86
aller au pays des taupes 84
anglais 37
anglaises 38
auberge espagnole 90
avaler sa chique 82
avaler son acte de naissance 82
avoir de l'oseille 31
avoir de radis 31
avoir du vent dans les voiles 105
avoir foin dans ses bottes 31
avoir la gueule de bois 107
avoir le timbre fêlé 40
avoir les fesses qui jouent du tam-
	bour 53
avoir un coup dans l'aile 107
avoir un petit vélo dans la tête 40

avoir une araignée au plafond 39
avoir une case vide 39
avoir une sacrée descente 107
avoir vu péter le loup 33
baiser langue en bouche 95
biftecks 36
boche 70
boire comme un polonais 107
boire en suisse 106
caboche 71
capote anglaise 96
carte de France 96
casser sa pipe 82
Chansons que tout cela! 67
chleu 71
choucroutmann 70
construire des châteaux en Espagne
	90
couper les cheveux en quatre 68

courir comme un dératé 19
danser à l'anglais 37
décrocher la timbale 22
décrocher le pompon 22
dévisser son billard 82
discuter du sexe des anges 69
donner sa langue au chat 29
écraser une mouche avec un marteau 43
embobiner quelqu'un 16
enculeur de mouches 70
enfermer le loup dans la bergerie 35
entendre péter le loup 33
envoyer promener quelqu'un 42
envoyer quelqu'un péter sur les roses 26
envoyer quelqu'un planter ses choux 26
envoyer quelqu'un sur les roses 42
espagnole 89
espingouins 89
étouffer dans le fric 31
être au diable vert 15
être bon comme la romaine 60
être bouché à l'émeri 40
être comme l'avait sa mère 78
être connu comme le loup blanc 20
être cousu d'or 31
être cul nu 78
être dans de beaux draps 54
être dans la mélasse 56
être dans la panade 56
être dans la purée 56
être dans le pétrin 56

être dans les choux 56
être dans la troisième dessous 56
être gris 107
être nu comme un ver 78
être pas très catholique 51, 91
être plein comme un boudin 107
être plein comme une huître 107
être près de l'assiette au beurre 80
être rond comme une queue de pelle 105
être soupe au lait 75
être un drôle d'oiseau 50
être un drôle de zèbre 50
être une vraie girouette 104
faire Jacques 48
faire les quatre volontés de quelqu'un 16
faire porter le chapeau á quelqu'un 94
faire prendre à quelqu'un des vessies pour des lanternes 66
faire tourner quelqu'un en bourrique 75
fermer son derrière 84
fermer son parapluie 82
filer à l'anglaise 37, 96
fuckoffs 36
gratin 30
gros bonnet 30
grosses légumes 30
il tombe comme à Gravelotte 109
il tombe des hellebardes 109
Je donne ma langue au chat! 28
jeter l'eponge 27

jeter le manche après la cognée 27
joindre les deux bouts 102
jouer au billard anglais 37
jouer des flûtes 19
jus de chaussettes 107
la moutarde monte au nez de
    quelqu'un 75
la trouille prend quelqu'un 53
lancequiner 109
les anglais sont débarqués 37
les Jacques 48
loup gris 20
macaroni 61
maître Jacques 47
maladie Italienne 95
manger les pissenlits par la racine 85
mariage à l'anglaise 37
Me prenez-vous pour un anglais? 38
mener quelqu'un à la baguette 17
mener quelqu'un en bateau 66
Merde! 57
mettre quelque chose sur le dos/
    compte de quelqu'un 93
mômimardage à l'anglaise 37
montrer le soleil avec un flambeau
    115
n'avoir ni queue ni tête 44
ne pas être né d'hier 92
ne pas être sorti de l'auberge 56
ne pas être tombé de la dernière
    pluie 92
ne pas valoir tripette 100
ne pas valoir un clou 100
ne pas valoir un pet de lapin 100

ne pas valoir une chique de tabac
    100
parler français comme une vache
    espagnole 90
passer l'arme à gauche 82
passer un savon à quelqu'un 62
perdre la boule 39
perquisition espagnole 90
péter dans la soie 80
Pierre, Paul et Jacques 47
pilier de bistrot 107
plaisir à l'italienne 61
pleuvoir à seaux 110
pleuvoir comme vache qui pisse 111
pleuvoir des cordes 109
porter de l'eau à la rivière 114
porter la culotte 113
pratiquer la langue de bois 67
prendre ses jambes à son cou 18
pucelage 34
quand les poules auront des dents 88
Quelle mouche l'a piqué? 75
querelle d'Allemand 72
remuer l'argent à la pelle 32
renvoyer quelqu'un avec perte et
    fracas 25
repetition à l'italienne 61
retourner comme une crêpe 105
retourner sa veste 104
rouler sur d'or 31
se disputer par des queues de
    cerise 69
se mettre quelque chose dans le
    ciboulot 45

secouer les puces à quelqu'un 62
tendre la perche à quelqu'un 56
tenir debout 44
têtes carrées 71
tirer des moineaux avec un
   bazooka 43
types comme lui ne courent pas les
   rues 50
travail de Romain 60

travailler pour le roi de Prusse 72
tremper dans une affaire 73
tricoter des gambettes 19
Va te faire cuire un oeuf! 25
Va te faire pendre ailleurs! 25
Va te faire voir chez les grecs! 26
vivre comme un coq en pâte 80
voir toujours du louche partout 33
vol à l'italienne 61

Griechisch

βάζω το χέρι μου –
   wáso to chéri mu 73
βάζω ψύλλους στα αυτιά –
   wáso psíllus sta aftiá 34
βγάζω από τη μύγα ξίγγι –
   wgáso apó ti míga xíngi 69
βρέχει καρεκλοπόδαρα –
   wréchi kareklopódara 108
γίνομαι Λούης –
   jínome Loúis 19
γίνομαι σκνίπα –
   jínome sknípa 107
γίνομαι Τούρκος –
   jínome Túrkos 76
δεν αξίζει δεκάρα τσακιστή –
   den axísi dekára tsakistí
   99
δεν στέκει πουθενά –
   den stéki puthená 44
δουλεύω κάποιον –
   duléwo kápion 66

είναι Ονάσσης –
   íne Onássis 31
κομίζω γλαύκας εις Αθήνας –
   komíso gláfkas is Athínas 114
λούζω κάποιον στο βρίσιμο –
   lúso kápion sto wrísimo 63
μας άφησε χρόνους –
   mas áfisse chrónus 84
Μην κάνεις τον Γερμανό! –
   Min kánis ton Jermanó! 71
μου πέφτει η ψυχή στα πόδια –
   mu péfti i psychí sta pódia 52
ομοιούσιος –
   omiúsios 101
ομοούσιος –
   omoúsios 101
πάω όπου φυσάει ο άνεμος –
   páo ópu fissái o ánemos
   104
περί όνου σκιάς –
   perí ónu skiás 69

περνώ ζωή και κότα –
pérno soí ke kóta 80
Στο διάολο! –
Sto diáolo! 25
Τί φρούτο είναι αυτό; –
Ti frúto íne aftó? 51
τρώω τη χυλόπιτα –
tróo ti chilópita 41
τον ξέρουν και οι κότες –
ton xérun ke i kótes
21

του Αγίου Πούτσου –
tu Ajíu Pútsu 86
του τα ψέλνω –
tu ta psélno 63
φοράω τα παντελόνια –
foráo ta pantelónia 113
χέζομαι στο τάληρο –
chésome sto táliro 29
χορεύω κάποιον στο ταψί –
choréwo kápion sto tapsí
16

Holländisch

*als Pasen en Pinksteren op één dag
vallen 87*
*balken naar Noorwegen brengen
115*
bekend als de bonte hond 21
bulken van het geld 29
dat raakt kant noch wal 45
de bok stoot op de haverkist 35
de broek aanhebben 113
de centen bijten hem 29
de handdoek in de ring gooien 27
de pijp aan Maarten geven 82
de vogel afschieten 23
Donder op! 26
drinken als een tempelier 107
dronken als een lor 107
Duitse grondigheid 71
een blauwtje lopen 42
een bot vangen 40

een gaatje in zijn hoofd hebben 40
een klap van de molen hebben 40
een luizenleven leiden 80
een veeg uit de pan krijgen 62
een vinger in de pap hebben 73
een vos in een kippenhok 35
*geen knip voor zijn neus waard zijn
100*
geen mieter waard zijn 100
geld als water hebben 31
het bijltje erbij neerleggen 28
het Frans praten afleren 97
Het is daar een Spaans bordeel! 89
het loodje leggen 82
het rokje keren 105
het voze woord 67
hij doet zijn lichte schoenen aan 19
iemand bespelen 16
iemand de oren wassen 63

iemand een oor aannaaien 65
iemand iets in het oor blazen 34
iemand klaphout verkopen 65
iemand op stang jagen 74
iemand op de kast jagen 74
iemand oprijden 17
iemand zijn zaligheid geven 63
iemand zinkt de moed in de schoenen 52
iets in zijn oren knopen 46
in de p zitten 57
in de puree zitten 56
in de schoenen schuiven 94
Jan en alleman 48
Krijg de pokken! 26
Loop naar de maan! 26
met alle winden meewaaien 104
met geen woord Frans 97
met Sint-Juttemis 86

met zijn gat in de brandnetels zitten
55
mierenneuker 70
moedernaakt zijn 78
morgen, bij de koffie 88
nattigheid voelen 32
niet met de Franse slag werken 97
niet van eergisteren zijn 92
op de mouw spelden 65
op tilt staan 74
piemelnaakt zijn 78
pijpestelen regenen 109
rare snoeshaan 50
roeien met de riemen die men heeft
103
stro dorsen 67
uit zijn slof schieten 74
zij is haar roosje kwijt 33
zo vet als een Spaans anker zijn 89

* *

Italienisch

affibbiare qualcosa a qualcuno 94
alzare il gomito 106
andare a far concime 85
andare a gallina 106
andare a ingrassare i cavoli 85
andare a spingere il radicchio 85
andare in bestia 76
aria fritta 67
avere delle rogne 55
avere le mani in pasta 72
bere come un tedesco 72

bere come una spugna 106
bestia rara 50
cacarsi sotto dalla paura 53
cacciarsi in un ginepraio 55
caricarsi di legna verde 115
cavaliere d'Italia 61
chiave inglese universale 36
conosciuto come l'ortica 21
conosciuto dappertutto 21
correre a gambe levate 18
Crepi (il lupo)! 58

crauti 70
crucco 70
dare una spolverata a qualcuno 62
darla a bere a qualcuno 64
essere a capo al mondo 13
essere a casa del diavolo 14
essere come mamma l'ha fatto 78
essere il padrone del baccellaio
    112
essere nudo come un verme 78
essere ubriaco come un ciabattino
    106
essere ubriaco fradicio 106
fare alla romana 61
fare il diavolo in quattro 74
fare il lupo pecoraio 35
fare questioni di lana caprina 70
farla in barba a qualcuno 65
farsi comandare a bacchetta da
    qualcuno 16
Gambe in spalla! 18
gettare il manico alla scure 28
gettare la colpa addosso a
    qualcuno 93
In bocca al lupo! 58
In culo alla balena! 59
il cuore gli cadde nelle brache 52
lavare la testa a qualcuno 63
legare la vigna con le salsicce 32
legarsela al dito 46
mancare d'una rotella 38
mandare avanti la baracca 102
mandare qualcuno a farsi
    benedire 25

mandare qualcuno a farsi friggere
    25
mandare qualcuno a quel paese 26
menare qualcuno per il naso 17
mettere la pulce nell'orecchio a
    qualcuno 34
mettere lo zampino 73
mordere la polvere 83
nasino alla francese 96
non avere né capo né coda 44
non avere tutti i venerdì 40
non essere nato ieri 92
non stare né in cielo né in terra 45
non valere due soldi 99
non valere un cavolo 99
non valere un fico secco 99
nuotare nell'oro 31
pan di Spagna 89
parlare a vuoto 67
parlare italiano 60
piantare baracca e burattini 29
pidocchio rifatto 30
piovere a catinelle 110
polentone 61
portare acqua in mare 114
portare i pantaloni 113
portare vasi a Samo 115
prendersi un due di picche 41
qualcuno che ancora abbia la goccia
    al naso 92
quando gli asini voleranno 87
quante Carlo in Francia 96
qui il diavolo ci ha messo la coda 73
raro come un cane giallo 50

regolarsi secondo il vento che tira 104
rendere l'anima a Dio 82
ricco da fare schifo 29
rimandare qualcosa alle calende greche 88
riportare la palma 24
sbarcare il lunario 102
si può far di lui quello che si vuole 16
sistema inglese di monta 36

spaccare il capello in quattro **69**
Speriamo che non caghi! **59**
tedeschi **70**
Terrone **61**
tirare le cuoia **84**
Tizio, Caio e Sempronio **48**
uscire dai gangheri **74**
vivere come un papa **79**
voltare casacca **104**
zuppa inglese **36**

Norwegisch

bestemmer hvor skapet skal stå 113
dra til bloksberg 25
få så hatten passer 63
fly i flint 75
Gå hjem og vogg! 26
gi noen det glatte lag 41

ha det som plommen i egget 80
Per og Pål 48
slå en plate i noen 66
vasse i penger 32
være full som et egg 107
være i kattepine 55
være på druen 107

Polnisch

besztać kogoś 63
bić kogoś na głowę 24
brać nogi za pas 18
brak mu piątej klepki 39
cała okolica 49
chlać jak świnia 107
dostać kosza 41
dzielenie włosa na czworo 69
dziwny typ 50
francuski piesek 96

gdzie pieprz rośnie 26
kopnąć w kalendarz 84
ledwie wiązać koniec z końcem 102
leje jak z cebra 110
maczać w czymś palce 73
mieć forsy jak lodu 31
mieć ręce i nogi 44
nie być wartym funta kłaków 100

prawić komuś kazania 63
pstry koń 21
strajk włoski 61
tam, gdzie diabeł mówi dobranoc 14
wpuścić wilka do obory 35

wyciągnąć nogi 84
wyprowadzić kogoś w pole 66
złamania karku 58
zrzucać winę na kogoś 93
żyć jak pączek w maśle 79

Portugiesisch

à francês 96
bater as botas 83
cacete francês 96
cercar galinhas 108
chover a cântaros 110
chover canivetes 108
chupa-rolha 108
comer sopa de bode 41
dar às pernas 18
dar lata a alguém 41
dar uma ensaboadela a alguém 63
enfiar um barrete a alguém 65
És como os espanhóis, vês com as
   mãos. 90
estar com uma bicha 75
estar como um cacho 108
estar em casa do diabo 14
estar em cascos de rolha 15
estar em couro 78
estar em pêlo 78
estar hidrofóbico 75
estar no cu do mundo 13
estar onde Judas perdeu as botas 13
Fulano e Sicrano 48
germano 71

ir aos arames 75
ir às malvas 85
ir para onde corre a aragem 104
ir pelas nuvens 75
lançar as culpas para cima dos om-
   bros de alguém 93
levar a palma 24
levar bananas para a Madeira
   115
levar o bolo 41
levar o cabaço a alguém 41
mandar à outra banda 25
mandar à bardamerda 26
matar o bicho 107
meter macaquinhos na cabeça
   a alguém 34
morder a poeira 83
não ter pés nem cabeça 44
não valer tostão furado 98
não valer um caracol 101
não valer um Real 98
não valer um vintém 98
no dia de são Nunca à tarde 86
para inglês ver 38
perder os três 34

pregar um mono a alguém 65
quando a cobra fumar 88
ser duro da moleira 40
ter mão no jogo 73
ter uma aduela a menos 39
ter uma telha a menos 39
usar as calças 113

Vai encher-te de moscas! 25
Vai lavar o cão! 26
vender mel ao colmeeiro 115
ver-se em calças pardas 57
ver-se em palpos de aranha
   55
virar a casaca 104

* *

Russisch

белая ворона –
   bélaja woróna 21
держать нос по ветру –
   dershátj noß po wétru 104
душа ушла в пятки –
   duschá uschlá w pjátki 53
валить с больной головы на здоровую –
   walítj ß boljníj golowý na sdorówuju 94
вить веревки из кого-либо –
   witj werjówki iß kowó-libo 16
выеденного яйца не стоит –
   wýjedennowo jajzá ne ßtóit
   100
ездить в Тулу со своим самоваром –
   jézdit' w Túlu so swoím samovárom 116
искать ветер в поле –
   ißkátj wétr w póle 114
зарубить на носу –
   sarubítj na noßú 46

кататься как сыр в масле –
   katátzja kak syr w máßle 79
когда рак на горе свиснет –
   kogdá rak na garé ßwíßnet 88
кого-либо каждая собака знает –
   kovo-libo káshdaja ßobáka
   snájet 21
кури денег не клюют –
   kúry déneg ne klujút 31
лесть в бутылку –
   lestj w butýlku 75
мотать себе на ус –
   motátj ßebé na uß 46
мы сами с усами –
   my ßámi ß ußami 91
намылить шею –
   namýlitj schéju 63
носить воду решетом –
   noßítj wódu reschetóm 114
Ни пуха ни пера! –
   Ni púcha ni perá! 59
переливать из пустого в порожнее –

*pereliwátj is pußtówo w po-
róshneje 67*
попасть в переплет –
popáßtj w perepljót 54
попасть как курица во щи –
*popáßtj kak kuriza wó stschi
55*
после дождика в четверг –
*póßle dóshditschka w tschetwérg
89*
приложить руку –
priloshítj rúku 73
птичьего молока не хватает –
*ptítschjewo moloká ne
chwatájet 79*

пустить козла в огород –
pußtítj koslá w ogoród 35
сводить концы с концами –
ßwodítj konzý ß konzámi 102
снимать с кого-либо стружку –
*ßnimátj ß kowó-libo ßtrúshku
62*
стрелять из пушки по
воробьям –
*ßtreljátj is púschki po worobjám
43*
толочь воду в ступе –
tolótsch wódu w ßtúpe 67
уносить ноги –
unoßítj nógi 18

Schwedisch

*Andersson, Pettersson og Lund-
ström 48*
dra åt helvete 25
inte värt ett ruttet öre 99
kallprat 67

kasta yxan i sjön 28
sitta i klistret 57
störtrik 29
vända kappan efter winden 104
varken rim eller reson 44

Spanisch

andar en el ajo 73
apenas ganar para el puchero 103
*apenas llegar a final de mes con el
suelo 102*
bailar al son que tocan 105
beber como un cosaco 106
boracho como una cuba 106

caer chuzos de punta 108
caérsele a uno el alma a los pies 52
calentar los cascos a alguien 34
cambiarse la chaqueta 105
cantar las cuarenta a alguien 63
cardarle la lana a alguien 62
cargarle el mochuelo a alguien 95

colgar el sable 82
colgar el sambenito a alguien 93
con estos bueyes hay que arar 103
con pelos y señales 69
contar a alguien un cuento chino 66
cortar el bacalao 111
creer que uno se chupa el dedo 92
Cual el tiempo tal el tiento. 103
cuando las ranas crien pelos 87
dar jabón a alguien 62
dar un jabón a alguien 62
desempedrar la calle 19
despedirse a la francesa 96
discusión bizantina 69
discutir si son galgos o podencos 69
doblar la servilleta 82
echar a alguien con cajas destempladas 25
echar la soga tras el caldero 28
echarse al surco 28
echarse el cordel al pescuezo 28
el inglés 37
empinar el codo 106
encomendar las ovejas al lobo 35
estar como Dios lo trajo al mundo 78
estar como puta por rastrojo 56
estar con la mosca detrás la oreja 33
estar con la mosca en la oreja 75
estar donde Cristo dió las tres voces 14
estar donde Cristo perdió su burro 13
estar donde Cristo perdió su chancleta 13

estar donde Cristo perdió su clavos 13
estar donde Cristo perdió su gorro 13
estar donde Cristo perdió su mechero 13
estar donde Cristo perdió su nombre 13
estar donde Cristo perdió su taparrabos 13
estar donde Cristo perdió su zapatilla 13
estar donde Dios es servido 14
estar donde Dios perdió el chaleco 13
estar donde el diablo cantó y nadie lo escuchó 14
estar donde el diablo perdió su poncho 13
estar donde San Pancracio perdió su boina 13
estar en cueros 78
estar en el quinto coño 14
estar en el quinto pino 14
estar en pelotas 78
estar forrado de dinero 31
estar hecho un basilisco 76
estar jorobado 56
estar mal de la azotea 39
estar más conocido que el ruda 21
estar más conocido que el tebeo 21
estar más perdido que Carracuca 56
estar metido en un lío 54
estar serio como un inglés 37
estirar la pata 84

Fulana 49
Fulano, Zutano y Mengano 48
hacer comulgar a alguien con ruedas
    de Molino 66
haver de fer cagar molts de culs 103
hincar el pico 84
humor inglés 37
inglés 37
irse al otro barrio 84
leerle la cartilla a alguien 63
le conecen hasta los perros 21
levantarle a uno el gallo 75
llevar a alguien la corriente 16
llevar agua al mar 114
llevar hierro a Vizcaya 115
llevar leña al monte 115
llevar los pantalones 112
llevar trigo a Castilla 115
llevarse la palma 24
llevarse una calabaza 41
llover a cántaros 110
mandar a alguien a freír espárra-
    gos 26
mandar a alguien a freír monas 26
mandar a alguien a paseo 25
más raro que un perro verde 50
matar moscas a cañonazos 43
meter al lobo en el gallinero 35
meter borra 67
meterse en un berenjenal 55
¡Mucha mierda! 57
nadar en oro 31
no echar alguna cosa en saco roto 46
no me he caído de un guindo 92

no tener pies ni cabeza 44
no valer un bledo 99
no valer un comino 99
no valer un Maravedi 98
no valer un pepino 99
no valer una jota 101
no valer una perra gorda 98
podrido de dinero 29
poner los pies en polvorosa 17
ponerle a alguien la mosca detrás
    de la oreja 34
¡que te zurzan! 25
rizar el rizo 68
salirse de sus casillas 74
sin ton ni son 45
subirse a la parra 74
subirse al campanario 74
tener a alguien a escuadra 17
tener a alguien en un puño 17
tener cojones 53
tener la sartén por el mango 112
tener los cojones por corbata 53
tener talego 30
tener un pedo 106
tener una merluza 105
tener una mona 106
tener una tuerca floja 39
tocar el violón 67
traer a alguien como a un domin-
    guillo 17
tragarlas como puños 64
vender miel al colmenero 115
vivir como un cura 79
vivir a sus anchas 80

Tschechisch

ani stébla 100
až naprší a uschne 88
bila vrana 20
brát nohy na ramena 18
hledat blechy 70
hledat hnidy 70
hodit flintu do žita 27
i kdby šídla padala 108
jdi k čertu 25
mít penez jako hadrů 31
mít penez jako hnoje 31
mít penez jako želez 31

mít v hlavě o kolecko vic 39
nasadit červa do hlavy 34
natáhnout bačkory 84
nemá to ani hlavy ani paty 44
nosit dříví do lesa 115
odejiti k velke armade 82
slyší blechy kašlat 32
strčit hlavu do rakve 84
svěřit kočce pečeni 36
tancovat podle něčí noty 16
udělat kozla zahradníkem 35
zapsat si něco za uši 45

133

Literatur

Bárdosi, Vilmos/Ettinger, Stefan/Stölting, Cécile: Redewendungen Französisch-Deutsch: thematisches Wörter- und Übungsbuch. Tübingen 1992.

Beinhauer, Werner: 1000 spanische Redensarten: mit Anwendungsbeispielen, Übersetzungen und Register. Berlin [7]1991.

Bembridge, Richard: Europäische Redewendungen: englisch, deutsch, französisch, italienisch, spanisch. Eltville am Rhein 1991.

Blum, Geneviève: Les Idiomatics. Français – Allemand. Dessins de Nestor Salas. o. O. 1989.

Burgen, Stephen: Bloody hell, verdammt noch mal! Eine europäische Schimpfkunde. München 1998.

Burger, Harald: Handbücher zur Sprach- und Kommunikationswissenschaft. Bd. 28: Phraseologie: ein internationales Handbuch der zeitgenössischen Forschung (2 Bde.). Berlin 2007.

Campo, José Luís de Azevedo do: Phraseologismen der Alltagssprache: portugiesisch – deutsch. Rostock 2001.

Casado Conde, María Leonisa: ¡Se dice pronto!: 1150 expresiones, modismos y frases hechas en castellano y su versión equivalente en inglés, francés e italiano. Madrid 2002.

Dubrovin, Mark I./Schenk, Werner: Russische idiomatische Redewendungen. Moskau ³1987.

Engeroff, Karl/Lovelace-Käufer, Cicely: An English – German dictionary of idioms: idiomatic and figurative English expressions with German translations. München ⁵1986.

Gulland, Daphne M./Hinds-Howell, David: The Penguin Dictionary of English Idioms. Hamondsworth 1987.

Heuber, Hans-Georg: Talk one's head off. Ein Loch in den Bauch reden. Idioms: Englische Redewendungen und ihre deutschen ›opposite numbers‹. Reinbek ¹⁷2005.

Helgunde, Henschel: Die Phraseologie der tschechischen Sprache: ein Handbuch. Frankfurt/Main 1993.

Moral, Manuel/Betz, Manfred: Diccionario idiomático del español coloquial actual. Bonn 1998.

Pignolo, Marie-Thérése/Heuber, Hans- Georg: Ne mâche pas tes mots: französische Redewendungen und ihre deutschen Pendants = Nimm kein Blatt vor den Mund! Reinbek 1990.

Schemann, Hans/Knight, Paul: PONS Wörterbuch, Idiomatik Deutsch – Englisch. Stuttgart 1995.

Schemann, Hans/Raymond, Alain: PONS Wörterbuch, Idiomatik Deutsch-Französisch. Stuttgart 1994.

Röhrich, Lutz: Lexikon der sprichwörtlichen Redensarten (5 Bde.). [4]1999.

Zardo, Manuela: 1000 italienische Redensarten: mit Anwendungsbeispielen, Übersetzungen und Register. Berlin [3]1990.

Wörterbücher

Drieschová, Ivana von: Langenscheidts Universal-Wörterbuch Tschechisch : tschechisch – deutsch; deutsch-tschechisch. Berlin [4]1991.

Dudenredaktion/Oxford University Press (Hg.): Duden Oxford Großwörterbuch Englisch. Mannheim 1990.

Giovanelli, Paola/Frenzel, Walter: Langenscheidts Handwörterbuch Italienisch (2 Bde.). Berlin 1994.

Irmen, Friedrich/Cortes Kollert, Ana Maria: Langenscheidts Taschenwörterbuch Portugiesisch. Berlin [3]1997.

Müller, Heinz/Haensch, Günther: Langenscheidts Handwörterbuch (2 Bde.). Berlin 1993.

Sachs, Karl/Villatte, Césaire: Langenscheidts Großwörterbuch Französisch (=Sachs-Villate) (2 Bde.). Berlin 1991.

Internetquellen

http://pons.eu (Englisch, Französisch, Spanisch, Italienisch, Polnisch, Russisch)

http://dict.leo.org (Englisch, Französisch, Spanisch, Italienisch)

http://www.dict.cc (Englisch)

http://www.etymonline.com (Englisch)

http://www.phrases.org.uk (Englisch)

http://www.linternaute.com/expression (Französisch)

http://www.languefrancaise.net (Französisch)

http://www.expressio.fr (Französisch)

http://it.lingostudy.de (Italienisch)

http://www.myjmk.com (Spanisch)

http://dix.osola.com (Spanisch)

http://www.uitmuntend.de (Niederländisch)

http://slovnik.seznam.cz (Tschechisch)

http://slowniki.gazeta.pl (Polnisch)

http://www.heinzelnisse.info (Norwegisch)

http://forum.pauker.at/p.php/DE_DE/PT (Portugiesisch)

http://www.quickdict.de (Russisch, Niederländisch)

Der Autor

Matthias Zimmermann, geboren 1980 in Halle/Saale, studierte Germanistik, Philosophie und Medienwissenschaften in Potsdam und im dänischen Roskilde. Er lebte drei Jahre in West-Afrika, unternahm längere Sprachreisen nach Frankreich und England und reiste nach seinem Studium mehrere Monate durch Südostasien. Seit 2007 arbeitet Matthias Zimmermann als Lektor im Sachbuchbereich und Lehrer für Deutsch als Fremdsprache.

Lebendigster Dank geht an alle, die mir bei der Suche nach den fremdsprachlichen Redewendungen geholfen haben, allen voran: Jantine Claus, Alba Garcia Gomez, Ingrid Kirschey-Feix, Kasia Lange, Matjaz Pecar, Franziska Rost, Juhani Seppovaara, Marijke Topp, Margot Elfving Vogel und Alexander Wallraf.